Frau Antjes Lieblingsrezepte

Frau Antjes Lieblingsrezepte

Dr. Oetker Verlag

VORWORT

Wenn man an Holland denkt, dann fallen einem sofort Windmühlen, saftig-grüne Weiden und schwarz-bunte Kühe ein, die täglich reichlich frische Milch geben. Und was liegt da näher, als daraus goldgelben Käse oder streichzarte Butter zu machen.

So hat Frau Antje mit Hilfe dieser guten Zutaten den neuen Rezeptideen eine besondere Geschmacksnote verliehen. Köstliche Snacks und Suppen, Salate, Gemüse- und Kartoffelgerichte, Fleisch, Geflügel und Fisch, Aufläufe und Gratins oder Pikante Gebäcke wurden so verfeinert und weiterentwickelt, dass sie leicht nachvollziehbar sind und garantiert gelingen.

SNACKS

MINI-SNACKS

ZUTATEN:

FÜR DEN TEIG:
4 SCHEIBEN TK-BLÄTTERTEIG
(JE 75 G)

ZUM BESTREICHEN:
1 EI (GRÖSSE M)
2 EL WASSER

FÜR DEN BELAG:
200 G TOMATEN
200 G HOLLAND MAI-GOUDA
ODER HOLLAND GOUDA, JUNG
FRISCH GEMAHLENER PFEFFER
1 EL GEHACKTE PETERSILIE

OBER-/UNTERHITZE:
ETWA 200 °C (VORGEHEIZT)
HEISSLUFT:
ETWA 180 °C (VORGEHEIZT)
GAS: STUFE 3–4 (VORGEHEIZT)
BACKZEIT: 15–20 MINUTEN.

PRO STÜCK:
E: 5 G, F: 10 G, KH: 7 G
KJ: 580, KCAL: 139

ZUBEREITUNG: GUT VORZUBEREITEN

16 STÜCK, ZEIT: 30 MINUTEN, OHNE AUFTAUZEIT

1 Blätterteig nach Packungsanleitung auftauen lassen und jede Platte auf die doppelte Größe ausrollen. Jedes Teigstück in 4 Quadrate schneiden.

2 Ei trennen, Quadrate mit Eiweiß bestreichen, die Ecken jeweils zur Mitte umschlagen und etwas andrücken.

3 Tomaten waschen, halbieren, Stängelansätze herausschneiden, entkernen und klein würfeln. Mai-Gouda in ebenso große Würfel schneiden. Tomaten- und Käsewürfel mischen und in die Mitte der Teigstücke geben. Mit Pfeffer würzen.

4 Eigelb mit 2 Esslöffeln Wasser verquirlen und die Teigstücke damit bestreichen. Teigstücke auf ein Backblech (30 x 40 cm, mit Backpapier belegt) setzen und das Backblech in den Backofen schieben, backen.

5 Vor dem Servieren mit gehackter Petersilie bestreuen.

CHEESEBURGER

ZUTATEN:

400 G HACKFLEISCH (HALB RIND-, HALB SCHWEINEFLEISCH)

1 EI (GRÖSSE M)

2 ZWIEBELN

SALZ

FRISCH GEMAHLENER PFEFFER

10 G BUTTER, Z.B. BESTE BUTTER VAN ANTJE

4 WEICHE HAMBURGER-BRÖTCHEN

4 TL TOMATENKETCHUP

8 KLEINE SALATBLÄTTER

4 KLEINE TOMATEN

2 GEWÜRZGURKEN

200 G (8 SCHEIBEN) MITTELALTER GOUDA, Z.B. PIKANTJE VAN ANTJE

OBER-/UNTERHITZE: ETWA 220 °C (VORGEHEIZT)

HEISSLUFT: ETWA 200 °C (VORGEHEIZT)

GAS: STUFE 4–5 (VORGEHEIZT)

BACKZEIT: ETWA 5 MINUTEN.

PRO PORTION:

E: 38 G, F: 43 G, KH: 32 G

KJ: 3022, KCAL: 722

ZUBEREITUNG: EINFACH

4 PORTIONEN, ZEIT: 25 MINUTEN

1 Hackfleisch und Ei in eine Schüssel geben. Zwiebeln abziehen, eine Zwiebel reiben, zu dem Hackfleisch geben, mit Salz und Pfeffer würzen und alles gut vermengen.

2 Aus dem Fleischteig vier flache Frikadellen im Durchmesser der Brötchen formen.

3 Die Butter in einer Pfanne zerlassen, die Frikadellen von jeder Seite etwa 6 Minuten braten, warm stellen.

4 Die zweite Zwiebel in Ringe schneiden, im Bratfett glasig dünsten.

5 Die Brötchen aufschneiden, untere Hälften mit Tomatenketchup bestreichen.

6 Salatblätter putzen, waschen, trockentupfen, je zwei Salatblätter auf den Brötchenhälften verteilen.

7 Tomaten waschen, trockentupfen, die Stängelansätze herausschneiden, Tomaten in Scheiben schneiden. Die Gurken in Scheiben schneiden. Die Hälfte der Tomaten- und Gurkenscheiben sowie die Hälfte der Zwiebelringe auf den Salatblättern verteilen.

8 Die Frikadellen auf die Gemüsescheiben legen, mit je zwei Käsescheiben bedecken. Die restlichen Tomaten- und Gurkenscheiben sowie Zwiebelringe auflegen. Die übrigen Brötchenhälften aufsetzen und auf dem Rost in den Backofen schieben, backen, bis der Käse zu schmelzen beginnt.

TOAST
IM PFÄNNCHEN

ZUTATEN:

FÜR DIE KÄSESAUCE:

30 G BUTTER, Z.B. BESTE BUTTER VAN ANTJE
20 G WEIZENMEHL
250 ML (1/4 L) FLEISCHBRÜHE
4 EL SCHLAGSAHNE
150 G GOUDA MITTELALT, Z.B. PIKANTJE VAN ANTJE

FÜR DEN TOAST:

4 SCHEIBEN TOASTBROT
500 G CRÈME-CHAMPIGNONS
30 G FRÜHSTÜCKSSPECK
1 ZWIEBEL
FRISCH GEMAHLENER PFEFFER
250 G KLEINE TOMATEN

ZUM GARNIEREN:

OREGANOBLÄTTCHEN

OBER-/UNTERHITZE:
ETWA 220 °C (VORGEHEIZT)
HEISSLUFT:
ETWA 200 °C (VORGEHEIZT)
GAS: STUFE 4–5 (VORGEHEIZT)
BACKZEIT: ETWA 10 MINUTEN.

PRO PORTION:
E: 17 G, F: 29 G, KH: 19 G
KJ: 1798, KCAL: 430

ZUBEREITUNG: FÜR GÄSTE

4 PORTIONEN, ZEIT: ETWA 35 MINUTEN

1 Für die Sauce Butter zerlassen, Mehl einrühren, anschwitzen, mit Brühe und Sahne auffüllen und unter Rühren aufkochen lassen. Käse reiben, einrühren und dabei schmelzen, nicht kochen lassen.

2 Brotscheiben rösten, jeweils in eine Portions-Gratinform legen.

3 Pilze putzen, waschen, trockentupfen, vierteln oder in Scheiben schneiden. Speck würfeln. Zwiebel abziehen, ebenfalls würfeln und beides in einem Topf glasig braten. Pilze zufügen, mit Pfeffer würzen und 5 Minuten dünsten.

4 Tomaten waschen, Stängelansätze entfernen, vierteln oder achteln, zu den Pilzen geben und kurz durchschwenken. Gemüsemischung auf den Brotscheiben verteilen und mit Käsesauce bedecken. Die Formen auf dem Rost in den Backofen schieben und überbacken.

5 Mit gewaschenen, trockengetupften Oreganoblättchen bestreut servieren.

Frau Antje empfiehlt: Den Toast mit einem gemischten Salat als kleines Abendgericht servieren.

TRAUBEN-TOAST
MIT SCHINKEN

ZUTATEN:

400 G HELLE WEINTRAUBEN
4 SCHEIBEN TOASTBROT
20 G BUTTER, Z.B. BESTE BUTTER VAN ANTJE
4 SCHEIBEN GEKOCHTER SCHINKEN
8 SCHEIBEN HOLLAND MAI-GOUDA ODER HOLLAND GOUDA, JUNG (ETWA 200 G)

OBER-/UNTERHITZE:
ETWA 200 °C (VORGEHEIZT)
HEISSLUFT:
ETWA 180 °C (VORGEHEIZT)
GAS: STUFE 3–4 (VORGEHEIZT)
BACKZEIT: ETWA 10 MINUTEN.

PRO PORTION:
E: 28 G, F: 28 G, KH: 26 G
KJ: 2056, KCAL: 491

ZUBEREITUNG: SCHNELL

4 PORTIONEN, ZEIT: ETWA 25 MINUTEN

1 Weintrauben waschen, von den Stielen zupfen, halbieren und entkernen.

2 Toastbrotscheiben toasten, mit Butter bestreichen und mit Weintraubenhälften belegen.

3 Schinkenscheiben halbieren, aufrollen, je 2 Schinkenrollen auf eine Toastscheibe legen und restliche Weintrauben darauf verteilen. Jeden Toast mit 2 Scheiben Käse bedecken.

4 Toasts so lange überbacken, bis der Käse schmilzt.

Frau Antje empfiehlt: Anstatt mit Weintrauben kann der Toast auch mit anderem Obst zubereitet werden. Gut geeignet sind Bananen, Mandarinen und Ananas aus der Dose sowie reife Birnen.

ÜBERBACKENER GEMÜSETOAST

ZUTATEN:

500 G BLUMENKOHL
SALZ
500 G BROCCOLI
1 TL GEKÖRNTE BRÜHE
150 G TOMATEN
200 G MITTELALTER GOUDA, Z.B. PIKANTJE VAN ANTJE
2 KNOBLAUCHZEHEN
50 G BUTTER, Z.B. BESTE BUTTER VAN ANTJE
75 G CRÈME FRAÎCHE
FRISCH GEMAHLENER PFEFFER
8 SCHEIBEN TOASTBROT
10 G SONNENBLUMENKERNE

OBER-/UNTERHITZE:
ETWA 200 °C (VORGEHEIZT)
HEISSLUFT:
ETWA 180 °C (VORGEHEIZT)
GAS: STUFE 3–4 (VORGEHEIZT)
BACKZEIT: 10–12 MINUTEN.

PRO PORTION:
E: 11 G, F: 16 G, KH: 13 G
KJ: 1062, KCAL: 254

ZUBEREITUNG: GUT VORZUBEREITEN

8 PORTIONEN, ZEIT: ETWA 45 MINUTEN

1 Blumenkohl von Blättern, schlechten Stellen und Strunk befreien, waschen, in Röschen teilen, in mildem Salzwasser 8–10 Minuten garen, abtropfen lassen und warm stellen.

2 Broccoli putzen, waschen, in Röschen teilen. Stiele schälen und würfeln. Den Broccoli im Blumenkohlwasser mit gekörnter Brühe etwa 5 Minuten garen, abgießen und mit Handrührgerät mit Schneidestab pürieren.

3 Tomaten kurze Zeit in kochendes Wasser legen (nicht kochen lassen), in kaltem Wasser abschrecken, enthäuten. Die Stängelansätze herausschneiden, die Tomaten würfeln. 100 g von dem Käse reiben, restlichen Käse in Scheiben schneiden.

4 Knoblauch abziehen, zerdrücken und in 30 g der erhitzten Butter andünsten. Broccolipüree darin erhitzen, mit Crème fraîche und geriebenem Käse verrühren und mit Pfeffer würzen.

5 Toastscheiben rösten, mit der restlichen Butter bestreichen, Blumenkohlröschen darauf verteilen und Broccolicreme darüber geben.

6 Toast auf ein Backblech (30 x 40 cm, mit Backpapier belegt) setzen, mit Tomatenwürfeln bestreuen, mit Käsescheiben bedecken und mit Sonnenblumenkernen bestreuen. Das Backblech in den Backofen schieben, backen.

ZUCCHINI-RÖLLCHEN
MIT KRÄUTERKÄSE

ZUTATEN:

FÜR DIE RÖLLCHEN:

4 LANGE MÖHREN
(ETWA 300 G)
2 MITTELGROSSE ZUCCHINI
(JE ETWA 300 G)
16 SCHEIBEN FRÜHSTÜCKS-SPECK
200 G HOLLAND SCHNITTKÄSE MIT KRÄUTERN, IN 4 GROSSEN SCHEIBEN

ZUM GARNIEREN:

EINIGE BLÄTTCHEN PETERSILIE

OBER-/UNTERHITZE:
ETWA 200 °C (VORGEHEIZT)
HEISSLUFT:
ETWA 180 °C (VORGEHEIZT)
GAS: STUFE 3–4 (VORGEHEIZT)
BACKZEIT: ETWA 15 MINUTEN.

PRO PORTION:
E: 28 G, F: 105 G, KH: 7 G
KJ: 4729, KCAL: 1130

ZUBEREITUNG: GUT VORZUBEREITEN

4 PORTIONEN, ZEIT: ETWA 45 MINUTEN

1 Möhren putzen, schälen, waschen, jeweils in 4 Stücke teilen, in wenig Salzwasser etwa 8 Minuten garen und abtropfen lassen.

2 Zucchini putzen, waschen, der Länge nach in 8 dünne Scheiben schneiden, 2–3 Minuten in Salzwasser blanchieren und kalt abschrecken. Die Scheiben nebeneinander auf die Arbeitsfläche legen.

3 Speckscheiben, in passende Streifen geschnittener Käse und jeweils 1 Möhrenstück auf die Zucchinischeiben legen, fest aufrollen und mit einem Holzspießchen feststecken.

4 Röllchen in eine gefettete, feuerfeste Form setzen und die Form auf dem Rost in den Backofen schieben, backen.

5 Mit gezupften Petersilienblättchen garnieren.

Frau Antje empfiehlt: Dazu knuspriges Brot servieren. Der Snack kann auch als Hauptgericht gereicht werden. Als Beilage empfiehlt sich Kartoffelpüree oder Kartoffelgratin.

SUPPEN

KLARE CHAMPIGNONSUPPE
MIT KÄSESTERNCHEN

ZUTATEN:

FÜR DIE BRÜHE:

1 KG FRISCHE CHAMPIGNONS
1 TL ZITRONENSAFT
2 ZWIEBELN
1 L WASSER
1–2 MSP. GEKÖRNTE BRÜHE
SALZ
FRISCH GEMAHLENER PFEFFER
4 EL WEISSER PORTWEIN
ODER TROCKENER SHERRY

FÜR DIE KÄSESTERNCHEN:

2 SCHEIBEN TOASTBROT
10 G BUTTER
2 SCHEIBEN MITTELALTER
GOUDA, Z.B. PIKANTJE VAN
ANTJE

PRO PORTION:

E: 7 G, F: 5 G, KH: 8 G
KJ: 500, KCAL: 119

ZUBEREITUNG: GUT VORZUBEREITEN

6 PORTIONEN, ZEIT: ETWA 65 MINUTEN

1 Für die Brühe Champignons putzen, waschen, in feine Scheiben schneiden. 12 Pilzscheiben mit Zitronensaft beträufelt beiseite stellen. Zwiebeln abziehen und würfeln. Die übrigen Champignons mit Zwiebelwürfeln im Wasser etwa 30 Minuten köcheln lassen. Mit gekörnter Brühe, Salz und Pfeffer abschmecken.

2 Champignonsuppe über ein feines Haarsieb – besser noch durch ein Tuch – in einen zweiten Topf abgießen. Champignonsud erhitzen, nochmals würzen und mit Portwein oder Sherry abschmecken.

3 Für die Käsesternchen Toastbrot toasten, mit Butter bestreichen und mit Goudascheiben belegen. Mit einem Gebäckausstecher kleine Sternchen ausstechen und 2–3 Minuten unter dem vorgeheizten Grill überbacken, bis der Käse geschmolzen ist.

4 Heiße Champignonbrühe in vorgewärmte Tassen füllen, Käsesternchen und zurückgelegte Champignonscheiben hineingeben und sofort servieren.

Frau Antje empfiehlt: Die Suppe vor dem Servieren mit einigen Kerbelblättchen bestreuen.

LAUCH-KÄSE-SUPPE

ZUTATEN:

FÜR DIE SUPPE:

2 ZWIEBELN
1 STANGE PORREE (LAUCH)
3 EL BUTTER, Z.B. BESTE BUTTER VAN ANTJE
2 EL WEIZENMEHL
1 L FLEISCHBRÜHE
150 G HOLLAND GOUDA, JUNG
1 EL ZITRONENSAFT
GERIEBENE MUSKATNUSS
SALZ
FRISCH GEMAHLENER PFEFFER

FÜR DIE CROÛTONS:

4 SCHEIBEN TOASTBROT
2 EL BUTTER

PRO PORTION:

E: 19 G, F: 24 G, KH: 13 G
KJ: 1509, KCAL: 361

ZUBEREITUNG: EINFACH

4 PORTIONEN, ZEIT: 40 MINUTEN

1 Für die Suppe Zwiebeln abziehen, Porree putzen, waschen. Beides in Ringe schneiden und in Butter goldgelb dünsten. Einige Porreescheiben herausnehmen und beiseite stellen.

2 Über die restlichen Porree- und Zwiebelringe Mehl stäuben, kurz anschwitzen und unter Rühren mit der Fleischbrühe aufgießen. Aufkochen und bei geringer Wärmezufuhr 10–15 Minuten köcheln lassen. Gelegentlich umrühren.

3 Zum Schluss Gouda reiben, mit dem Zitronensaft in die heiße Suppe geben und schmelzen lassen (nicht mehr kochen). Mit Muskat, Salz und Pfeffer abschmecken.

4 Für die Croûtons Toastbrot in kleine Würfel schneiden und in Butter in einer Pfanne goldbraun rösten.

5 Suppe auf Tassen verteilen und, mit Porreeringen und Brotwürfeln bestreut, sofort servieren.

Frau Antje empfiehlt: Die Suppe vor dem Servieren mit fein geschnittenem Schnittlauch bestreuen.

MANGOLDSUPPE
MIT TOMATEN-KÄSE-KLÖSSCHEN

ZUTATEN:

FÜR DIE SUPPE:

500 G MANGOLD

1 ZWIEBEL

40 G BUTTER

500 ML (½ L) FLEISCHBRÜHE

125 ML (⅛ L) SCHLAGSAHNE

50 G CRÈME FRAÎCHE

SALZ

FRISCH GEMAHLENER PFEFFER

GERIEBENE MUSKATNUSS

½ TL ZUCKER

FÜR DIE KLÖSSCHEN:

125 ML (⅛ L) MILCH

½ TL SALZ

30 G TOMATENMARK

40 G BUTTER, Z.B. BESTE BUTTER VAN ANTJE

80 G WEIZENMEHL

1 EI (GRÖSSE M)

60 G GERIEBENER MITTELALTER GOUDA, Z.B. PIKANTJE VAN ANTJE

PRO PORTION:

E: 16 G, F: 41 G, KH: 24 G

KJ: 2297, KCAL: 550

ZUBEREITUNG: GUT VORZUBEREITEN

4 PORTIONEN, ZEIT: ETWA 45 MINUTEN

1 Für die Suppe Mangold putzen, waschen, einige fein geschnittene grüne Blattspitzen kurz blanchieren und zum Bestreuen zurücklassen. Restliches Gemüse in feine Streifen schneiden, Zwiebel abziehen und würfeln. Die Butter zerlassen, Zwiebelwürfel darin andünsten, dann den in feine Streifen geschnittenen Mangold hinzugeben und etwa 10 Minuten dünsten.

2 Fleischbrühe zugießen, aufkochen lassen. Noch etwa 5 Minuten garen, dann pürieren. Sahne und Crème fraîche unterrühren, aufkochen lassen und mit Salz, Pfeffer, Muskat und Zucker abschmecken.

3 Für die Klößchen Milch, Salz, Tomatenmark und Butter aufkochen, vom Herd nehmen, gesiebtes Mehl auf einmal zufügen und wieder auf die Herdplatte stellen. Alles unter Rühren zu einem Kloß abbrennen, der sich vom Topfboden löst und in eine Schüssel geben. Ei und Käse darunter schlagen, bis der Teig glatt und glänzend ist.

4 Mit 2 Teelöffeln Klößchen abstechen und in kochendem Salzwasser garen, bis die Klöße oben schwimmen.

5 Suppe in 4 Portionsteller füllen, Klößchen hineingeben und mit blanchierten Mangoldstreifen bestreuen.

PORREE-GEFLÜGEL-EINTOPF
MIT KÄSEKLÖSSCHEN

ZUTATEN:

FÜR DIE SUPPE:

1 POULARDE (ETWA 1300 G)
2 FLEISCHBRÜHWÜRFEL
[FÜR JE 500 ML (1/2 L) FLÜSSIGKEIT]
750 G PORREE (LAUCH)
300 G MÖHREN
4–5 ROSMARINNADELN
2–3 ZWEIGE THYMIAN

FÜR DIE KLÖSSCHEN:

125 ML (1/8 L) MILCH
125 ML (1/8 L) WASSER
100 G TOMATENMARK
1 MSP. SALZ
125 G GRIESS
20 G BUTTER, Z.B. BESTE BUTTER VAN ANTJE
1 EI (GRÖSSE M)
100 G GERIEBENER HOLLAND GOUDA, ALT
FRISCH GEMAHLENER PFEFFER

PRO PORTION:

E: 78 G, F: 75 G, KH: 34 G
KJ: 5054, KCAL: 1206

ZUBEREITUNG: FÜR KINDER

4 PORTIONEN, ZEIT: ETWA 90 MINUTEN

1 Für die Suppe Poularde unter fließendem kalten Wasser abspülen, mit Wasser bedeckt und den Brühwürfeln 50–60 Minuten kochen.

2 In der Zwischenzeit Porree putzen, waschen, in schräge Scheiben schneiden. Möhren putzen, waschen, schälen, ebenfalls in schräge Scheiben schneiden.

3 Poularde aus der Brühe herausnehmen, enthäuten, Fleisch vom Knochen lösen und in mundgerechte Stücke schneiden. Gemüse in der Brühe mit Rosmarin und Thymian etwa 10 Minuten garen.

4 Für die Klößchen Milch und Wasser mit Tomatenmark und Salz aufkochen, vom Herd nehmen, Grieß einstreuen und bei milder Hitze unter Rühren garen, bis sich ein Teigkloß bildet. Kloß in eine Schüssel geben, etwas abkühlen lassen, dann Butter, Ei und Käse darunter kneten.

5 Aus dem Teig kleine Klößchen formen, in den Eintopf geben und langsam darin gar ziehen lassen, bis sie aufschwimmen.

6 Hühnerfleisch wieder zufügen, erhitzen und den Eintopf vor dem Servieren mit Salz und Pfeffer abschmecken.

ÜBERBACKENE ZWIEBELSUPPE

ZUTATEN:

FÜR DIE SUPPE:

1 KG GEMÜSEZWIEBELN
100 G PAPRIKASCHOTE (ROT UND GRÜN)
60 G BUTTER
250 ML (1/4 L) TROCKENER WEISSWEIN
1 1/4 L FLEISCHBRÜHE
FRISCH GEMAHLENER PFEFFER

ZUM ÜBERBACKEN:

125 G BAGUETTE
125 G GERIEBENER MITTELALTER GOUDA, Z.B. PIKANTJE VAN ANTJE
30 G GERIEBENER HOLLAND GOUDA, ALT

OBER-/UNTERHITZE: ETWA 200 °C (VORGEHEIZT)
HEISSLUFT: ETWA 180 °C (VORGEHEIZT)
GAS: STUFE 3–4 (VORGEHEIZT)
BACKZEIT: 5–10 MINUTEN.

PRO PORTION:
E: 16 G, F: 21 G, KH: 23 G
KJ: 1641, KCAL: 392

ZUBEREITUNG: KLASSISCH

6 PORTIONEN, ZEIT: ETWA 45 MINUTEN

1 Für die Suppe Zwiebeln abziehen, halbieren, in dünne Ringe schneiden. Paprika halbieren, entstielen, entkernen, die weißen Scheidewände entfernen. Die Schoten waschen und in feine Streifen schneiden. Butter in einem Topf zerlassen, Zwiebelringe und Paprikastreifen zugeben und etwa 10 Minuten unter Rühren dünsten.

2 Mit Wein und Fleischbrühe auffüllen, noch etwa 10 Minuten weiter köcheln lassen und mit Pfeffer kräftig würzen.

3 Suppe in Suppentassen füllen. Baguette in Scheiben schneiden. Jeweils 2 getoastete Baguettescheiben darauf geben und mit beiden Sorten Gouda bestreuen. Im Backofen oder unter dem heißen Grill kurz überbacken.

Frau Antje empfiehlt: Die getoasteten Baguettescheiben auf ein Backblech (mit Backpapier belegt) geben, mit Käse bestreuen und unter den vorgeheizten Grill schieben, bis der Käse geschmolzen ist. Die Baguettescheiben auf die Suppe setzen.

WIRSINGSUPPE
MIT KARTOFFEL-KÄSE-KUGELN

ZUTATEN:

FÜR DIE SUPPE:

1 KG WIRSING
200 G MÖHREN
1 ZWIEBEL
30 G BUTTER, Z.B. BESTE BUTTER VAN ANTJE
1 L GEMÜSEBRÜHE
GERIEBENE MUSKATNUSS
1/4 TL ZUCKER
1 PRISE SALZ
FRISCH GEMAHLENER PFEFFER

FÜR DIE KÄSEKUGELN:

1/2 PCK. KARTOFFELKNÖDELPULVER, HALB UND HALB
375 ML (3/8 L) WASSER
1 BUND GLATTE PETERSILIE
1 BUND SCHNITTLAUCH
100 G MITTELALTER GOUDA, Z.B. PIKANTJE VAN ANTJE
1 EIWEISS (GRÖSSE M)
2–3 EL SEMMELBRÖSEL

FETT ZUM AUSBACKEN

PRO PORTION:

E: 17 G, F: 16 G, KH: 55 G
KJ: 1914, KCAL: 457

ZUBEREITUNG: VEGETARISCH

4 PORTIONEN, ZEIT: ETWA 65 MINUTEN

1 Für die Suppe von dem Wirsing die groben Blätter entfernen, Wirsing achteln, den Strunk herausschneiden, den Kohl abspülen, abtropfen lassen und in Streifen schneiden.

2 Möhren putzen, schälen, waschen und in Scheiben schneiden. Zwiebel abziehen, würfeln und in Butter glasig dünsten. Gemüse zufügen und unter Rühren etwa 5 Minuten dünsten. Mit Brühe ablöschen, 15–20 Minuten weiter garen und mit Muskat, Zucker, Salz und Pfeffer abschmecken.

3 Für die Käsekugeln Kartoffelknödelpulver nach Packungsanleitung mit Wasser zubereiten.

4 Kräuter abspülen, trockentupfen, fein schneiden. Käse fein würfeln und mit den Kräutern zusammen unter den Knödelteig mischen.

5 Aus dem Teig kleine mundgerechte Kugeln formen. Eiweiß verquirlen, Kugeln erst darin, dann in Semmelbröseln wenden und in der Fritteuse bei 185 °C in mehreren Portionen in etwa 3 Minuten ausbacken.

6 Kartoffel-Käse-Kugeln warm stellen und zur Suppe servieren.

Frau Antje empfiehlt: Die Kartoffel-Käse-Kugeln nicht ausbacken, sondern in etwa 10 Minuten in der Suppe gar ziehen lassen.

SALATE

KÄSE-GEMÜSESALAT

ZUTATEN:

FÜR DEN SALAT:

500 G GRÜNER SPARGEL
1 PRISE ZUCKER
SALZ
1 KOPFSALAT
4 TOMATEN (ETWA 150 G)
200 G HOLLAND GOUDA, JUNG
100 G BLAUE WEINTRAUBEN

FÜR DIE MARINADE:

4 EL ROTWEINESSIG
1 TL SÜSSER SENF
SALZ
FRISCH GEMAHLENER PFEFFER
2 SCHALOTTEN
1 TL GEHACKTE PETERSILIE
4 EL KALT GEPRESSTES OLIVENÖL
3–4 EL WASSER

PRO PORTION:

E: 15 G, F: 27 G, KH: 9 G
KJ: 1486, KCAL: 355

ZUBEREITUNG: FÜR GÄSTE – VEGETARISCH

4 PORTIONEN, ZEIT: ETWA 30 MINUTEN

1 Für den Salat Spargel putzen, unteres Drittel evtl. schälen und mit Zucker in Salzwasser 8–10 Minuten (je nach Stärke der Stangen) garen. Über einem Sieb abgießen und abtropfen lassen.

2 Von dem Salat die welken Blätter entfernen, vierteln, den Strunk herausschneiden, waschen und gut abtropfen lassen.

3 Tomaten waschen, achteln, Stängelansätze herausschneiden. Käse in mundgerechte Stücke schneiden. Weintrauben waschen, halbieren, entkernen und alles zusammen auf einer großen Platte anrichten.

4 Für die Marinade aus Essig, Senf, Salz, Pfeffer, abgezogenen, fein gehackten Schalotten, Petersilie, Öl und Wasser eine Marinade rühren. Den Salat damit übergießen und servieren.

APFELSALAT
MIT KÄSE UND KRABBEN

ZUTATEN:

500 G ROTE UND GRÜNE ÄPFEL
SAFT VON 1 ZITRONE
150 G MAASDAMER
4–5 ZWEIGE DILL
½ BUND ZITRONENMELISSE
100 G GRÖNLAND-KRABBENFLEISCH

FÜR DIE SAUCE:

100 G SALATMAYONNAISE
1 BECHER (150 G) VOLLMILCHJOGHURT
50 G SCHMAND
2–3 EL AHORN-SIRUP
SALZ
FRISCH GEMAHLENER PFEFFER

PRO PORTION:

E: 15 G, F: 28 G, KH: 18 G, KJ: 1700, KCAL: 405

ZUBEREITUNG: EINFACH

4 PORTIONEN, ZEIT: 25 MINUTEN

1 Äpfel waschen, vierteln, entkernen, in Scheiben schneiden. Zitronensaft auspressen, Apfelscheiben mit etwas Zitronensaft beträufeln.

2 Käse in kleine Würfel schneiden. Dill und Zitronenmelisse abspülen, trockentupfen, die Blättchen abzupfen, je 1 Esslöffel Kräuter zum Dekorieren beiseite stellen, die übrigen Kräuter fein hacken. Apfelscheiben, Käse und Krabbenfleisch mischen.

3 Für die Salatsauce gehackten Dill und Zitronenmelisse mit 2–3 Teelöffeln Zitronensaft, Salatmayonnaise, Joghurt, Schmand, Ahorn-Sirup verrühren, mit Salz und Pfeffer abschmecken, über den Salat geben, mit den restlichen Kräutern bestreuen.

Frau Antje empfiehlt: Den Apfelsalat mit Käse und Krabben auf einem Bett von gemischtem Blattsalat anrichten. Dafür z. B. Radicchio- und Friséesalatblätter im Wechsel auf eine Platte legen und den Salat in die Mitte geben.

KONFETTISALAT

ZUTATEN:

2 ROTE PAPRIKASCHOTEN
2 GELBE PAPRIKASCHOTEN
500 G SALATGURKE
1 GLAS (230 G) GEMÜSEMAIS
1 GLAS (85 G) SCHWARZE OLIVEN
100 G SILBERZWIEBELN
300 G ZIEGENKÄSE
1 BUND SCHNITTLAUCH
200 G GRÖNLAND-KRABBENFLEISCH
1 ZWIEBEL
1 TL MITTELSCHARFER SENF
SALZ
FRISCH GEMAHLENER PFEFFER
4 EL KRÄUTERESSIG
2–3 EL SILBERZWIEBELSUD
5 EL SPEISEÖL

PRO PORTION:

E: 26 G, F: 44 G, KH: 28 G, KJ: 2669, KCAL: 637

ZUBEREITUNG: GUT VORZUBEREITEN

4 PORTIONEN, ZEIT: 45 MINUTEN, OHNE MARINIERZEIT

1 Paprikaschoten halbieren, entstielen, entkernen, die weißen Scheidewände entfernen. Die Schoten waschen und fein würfeln. Salatgurke waschen, in Scheiben schneiden, die Scheiben vierteln.

2 Paprika und Gurke mit abgetropftem Mais, abgespülten, abgetropften Oliven und Silberzwiebeln mischen. Den Käse fein würfeln.

3 Schnittlauch abspülen, trockentupfen, in Röllchen schneiden. Den Käse mit den Krabben und 1 Esslöffel Schnittlauchröllchen vermengen und unter das Paprika-Gurken-Mais-Gemüse heben.

4 Die Zwiebel abziehen, fein würfeln. Die restlichen Schnittlauchröllchen mit Senf, Zwiebelwürfeln, Salz, Pfeffer, Essig, Silberzwiebelsud und Öl zu einer Marinade verrühren. Den Salat damit übergießen, umrühren und etwa 15 Minuten stehen lassen.

Frau Antje empfiehlt: Ofenwarmes Fladenbrot oder Baguette und Butter zu dem Salat reichen.

BOHNENSALAT
AUF SÜDLICHE ART

ZUTATEN:

1,5 KG DICKE BOHNEN
SALZ
4 EL ZITRONENSAFT
100 G ROTE ZWIEBELN
100 G SALAMI
125 G ZIEGENKÄSE
FRISCH GEMAHLENER PFEFFER
4 EL OLIVENÖL
1 ZITRONE (UNBEHANDELT)

PRO PORTION:

E: 24 G, F: 25 G, KH: 23 G,
KJ: 1800, KCAL: 430

ZUBEREITUNG: DAUERT LÄNGER

4 PORTIONEN, ZEIT: 80 MINUTEN, OHNE MARINIERZEIT

1 Bohnen aus den Schoten lösen, in Salzwasser etwa 20 Minuten gar kochen lassen, über einem Sieb abgießen, abkühlen lassen.

2 Die Bohnenkerne mit einem Messer seitlich einritzen und aus den Häutchen drücken. Mit Zitronensaft mischen und etwa 2 Stunden marinieren.

3 Zwiebeln abziehen, in dünne Ringe schneiden. Salami enthäuten, in dünne Scheiben schneiden. Den Ziegenkäse in dünne Scheiben hobeln.

4 Die Zutaten auf 4 Portionstellern anrichten. Mit Salz und Pfeffer würzen und mit Olivenöl beträufeln. Die Zitrone heiß abwaschen und achteln. Den Salat mit Zitronenachteln garnieren.

Frau Antje empfiehlt: Dazu kräftiges Bauernbrot servieren. Anstatt der frischen dicken Bohnen in Hülsen können auch etwa 400 g TK-Bohnen verwendet werden. Die Garzeit richtet sich nach dem Hinweis auf der Packung.

PORREESALAT
MIT ZIEGENKÄSE

ZUTATEN:

FÜR DEN SALAT:

500 G PORREE (LAUCH)

SALZ

300 G COCKTAILTOMATEN

200 G ZIEGENKÄSE, IN SCHEIBEN

GROB GEMAHLENER PFEFFER

FÜR DAS DRESSING:

6 EL ZITRONENSAFT

2 KNOBLAUCHZEHEN

2–3 EL WASSER

SALZ

3 EL OLIVENÖL

ZUM BESTREUEN:

1 EL RADIESCHENKRESSE ODER ANDERE KRÄUTER

FÜR DIE BEILAGE:

100 G BAGUETTE

3 EL OLIVENÖL

PRO PORTION:

E: 15 G, F: 29 G, KH: 28 G

KJ: 1829, KCAL: 437

ZUBEREITUNG: GUT VORZUBEREITEN

4 PORTIONEN, ZEIT: ETWA 30 MINUTEN

1 Für den Salat Porree putzen, der Länge nach halbieren, gut waschen. Porreestreifen in kochendem Salzwasser etwa 4 Minuten garen, abgießen, kalt abschrecken und in schräge Stücke schneiden.

2 Cocktailtomaten waschen und halbieren. Ziegenkäse in mundgerechte Stücke schneiden.

3 Porreestreifen, Cocktailtomaten und Käsestücke auf Portionstellern anrichten und mit Pfeffer bestreuen.

4 Für das Dressing Zitronensaft, abgezogene, zerdrückte Knoblauchzehen, Wasser, Salz und Olivenöl verrühren und über den Salat gießen. Kresse waschen und den Salat damit bestreuen.

5 Baguette in dünne Scheiben schneiden, in Olivenöl kurz in der Pfanne rösten und warm zu dem Salat servieren.

Frau Antje empfiehlt: Es kann auch ein aufgebackenes Kräuter- oder Knoblauchbaguette aus dem Kühlregal zu dem Salat gereicht werden.

SÜSS-SAUER NUDELSALAT

ZUTATEN:

FÜR DEN SALAT:

250 G SCHLEIFENNUDELN
SALZ
10 G BUTTER, Z.B. BESTE BUTTER VAN ANTJE
1 ROTE PAPRIKASCHOTE (150 G)
300 G TK-ERBSEN
4 EL GEMÜSEBRÜHE
200 G MAASDAMER
150 G SENFGURKEN

FÜR DAS DRESSING:

200 G SALATMAYONNAISE
2 BECHER VOLLMILCH-JOGHURT (JE 150 G)
40 G KAPERN
2 EL WEISSWEINESSIG
FRISCH GEMAHLENER PFEFFER
½ TL ZUCKER
1 EL SCHNITTLAUCHRÖLLCHEN

PRO PORTION:

E: 30 G, F: 37 G, KH: 64 G
KJ: 3128, KCAL: 747

ZUBEREITUNG: FÜR KINDER

4 PORTIONEN, ZEIT: 30 MINUTEN, OHNE ABKÜHLZEIT

1 Für den Salat Nudeln in Salzwasser mit Butter nach Packungsanleitung bissfest garen, über einem Sieb abgießen, mit kaltem Wasser abschrecken.

2 Paprika halbieren, entstielen, entkernen, die weißen Scheidewände entfernen. Schote waschen, würfeln und zusammen mit den Erbsen 3 Minuten in der Brühe dünsten und abkühlen lassen.

3 Käse und abgetropfte Senfgurken würfeln. Alle Zutaten unter die Nudeln mischen.

4 Für das Dressing Mayonnaise, Joghurt, Kapern (mit Flüssigkeit), Essig, Pfeffer, Zucker und wenig Salz verrühren und unter den Salat heben. Den Salat 1 Stunde durchziehen lassen, dann nochmals abschmecken.

5 Mit Schnittlauchröllchen bestreut servieren.

Frau Antje empfiehlt: Den Salat mit Eierachteln, halbierten Cocktailtomaten oder Cocktailwürstchen auf Spießchen garnieren.

MATJESSALAT
MIT GOUDARÄDCHEN

ZUTATEN:

FÜR DEN SALAT:

4 MATJESFILETS
(JE ETWA 80 G)
400 G MITTELALTER GOUDA, IN SCHEIBEN, Z.B. PIKANTJE VAN ANTJE
100 G ROTE ZWIEBELN
200 G ÄPFEL (ROT- UND GRÜNSCHALIG)
200 G SALATGURKE

FÜR DIE MARINADE:

4 EL WASSER
4 EL ESSIG
1 TL SÜSSER SENF
½ TL ZUCKER
SALZ
FRISCH GEMAHLENER PFEFFER
1 ZWIEBEL
4 EL SPEISEÖL
1 BUND DILL

PRO PORTION:

E: 37 G, F: 60 G, KH: 10 G
KJ: 3220, KCAL: 769

ZUBEREITUNG: FÜR GÄSTE

4 PORTIONEN, ZEIT: 40 MINUTEN, OHNE EVTL. WÄSSERUNGSZEIT

1 Falls die Matjesfilets zu salzig sind, etwa 60 Minuten wässern und gut abtropfen lassen.

2 Aus dem Gouda mit gezacktem Ausstecher kleine Rädchen ausstechen. Ergibt etwa 200 g Gouda-Rädchen, Reste für ein anderes Gericht verwenden.

3 Rote Zwiebeln abziehen, halbieren und in dünne Scheiben schneiden.

4 Matjesfilets schräg in Streifen schneiden. Äpfel waschen, vierteln, entkernen, in dünne Scheiben schneiden. Salatgurke erst in Scheiben, dann in Streifen schneiden. Alle Zutaten mischen.

5 Für die Marinade Wasser, Essig, Senf, Zucker, Salz, Pfeffer, abgezogene, fein gewürfelte Zwiebel und Öl zu einer Marinade verrühren und den Salat damit übergießen. 10–15 Minuten ziehen lassen.

6 Vor dem Servieren gewaschenen, gezupften Dill unterheben.

Frau Antje empfiehlt: Dazu knuspriges Brot servieren.

EXOTISCHER OBSTSALAT

ZUTATEN:

FÜR DEN SALAT:

1 MANGO (400 G)

2 KIWIS

6 KUMQUATS

150 G HIMBEEREN

200 G MAASDAMER

FÜR DAS DRESSING:

4 EL ZITRONENSAFT

2 EL CREAM-SHERRY ODER APFELSAFT

ZUCKER NACH GESCHMACK

ZUM BESTREUEN:

1 TL GEHACKTE PISTAZIENKERNE

PRO PORTION

E: 16 G, F: 17 G, KH: 35 G

KJ: 1418, KCAL: 339

ZUBEREITUNG: SCHNELL

4 PORTIONEN, ZEIT: ETWA 20 MINUTEN

1 Mango und Kiwis schälen. Mangospalten vom flachen Kern schneiden. Kiwis in Scheiben schneiden, dann je nach Größe halbieren oder vierteln. Kumquats waschen und in Scheiben schneiden.

2 Käse in nicht zu dünne Streifen schneiden, mit verlesenen, evtl. abgespülten Himbeeren und dem übrigen Obst vermengen.

3 Für das Dressing Zitronensaft, Sherry oder Apfelsaft und Zucker vermischen und den Salat vor dem Servieren damit übergießen.

4 Mit gehackten Pistazienkernen bestreut servieren.

Frau Antje empfiehlt:
Der exotische Obstsalat kann auch mit folgenden Früchten zubereitet werden: ½ Honigmelone, 1 Papaya, 2 Orangen, 300 g frische Ananas. Dafür werden die Melone und Papaya geschält, entkernt und gewürfelt, die Orangen so geschält, dass auch die weiße Haut entfernt ist und das Fruchtfleisch aus den Häuten geschnitten. Die Ananas wird geschält, der holzige Kern herausgeschnitten und das Fruchtfleisch gewürfelt. Käse und Dressing bleiben gleich.

GEMÜSE & KARTOFFELN

GEFÜLLTE TOMATEN

ZUTATEN:

50 G LANGKORNREIS
SALZ
1,2 KG FLEISCHTOMATEN (8 STÜCK)
FRISCH GEMAHLENER PFEFFER
1 ZWIEBEL
300 G CHAMPIGNONS
20 G BUTTER, Z.B. BESTE BUTTER VAN ANTJE
1 BUND BASILIKUM
1 BUND SCHNITTLAUCH
200 G HOLLAND GOUDA, MITTELALT
½ FLEISCHBRÜHWÜRFEL
1 EL CRÈME FRAÎCHE

OBER-/UNTERHITZE:
ETWA 220 °C (VORGEHEIZT)
HEISSLUFT:
ETWA 200 °C (VORGEHEIZT)
GAS: STUFE 4–5 (VORGEHEIZT)
BACKZEIT: ETWA 10 MINUTEN.

PRO PORTION:
E: 17 G, F: 20 G, KH: 20 G, KJ: 1463, KCAL: 350

ZUBEREITUNG: EINFACH

4 PORTIONEN, ZEIT: 50 MINUTEN

1 Reis in Salzwasser etwa 15 Minuten garen, abgießen, abtropfen lassen.

2 Tomaten waschen, Stängelansätze herausschneiden, von den Tomaten jeweils einen Deckel abschneiden, die Deckel würfeln. Das Tomateninnere mit einem Teelöffel herauslösen, beiseite stellen. Tomaten innen mit Salz und Pfeffer würzen.

3 Zwiebel abziehen, würfeln. Champignons putzen, mit Küchenpapier abreiben, evtl. abspülen, trockentupfen, grob würfeln.

4 Butter zerlassen, Zwiebelwürfel und Pilze etwa 2 Minuten darin andünsten und abkühlen lassen.

5 Basilikum und Schnittlauch abspülen, trockentupfen. Von dem Basilikum die Blättchen abzupfen und hacken. Schnittlauch in Röllchen schneiden. Den Käse klein würfeln.

6 Gemüse mit Reis, Tomatenwürfeln, Basilikum, Schnittlauchröllchen und klein gewürfeltem Käse vermengen. Die Tomaten bergartig damit füllen.

7 Tomateninneres grob zerkleinern, mit zerbröseltem Fleischbrühwürfel und Crème fraîche verrühren, in eine gefettete Auflaufform geben. Die Tomaten hineinsetzen und die Form auf dem Rost in den Backofen schieben, backen.

KÄSE-OMELETTE
MIT SOMMERGEMÜSE

ZUTATEN:

FÜR DIE FÜLLUNG:

250 G MÖHREN
1 BUND FRÜHLINGSZWIEBELN
250 G SHII-TAKE-PILZE
150 G CHICORÉE
1 TL ZITRONENSAFT
20 G BUTTER, Z.B. BESTE BUTTER VAN ANTJE
2–3 EL WASSER
1 PRISE SALZ
GROB GEMAHLENER, SCHWARZER PFEFFER

FÜR DIE OMELETTES:

8 EIER (GRÖSSE M)
4 EL WASSER
1 PRISE SALZ
2 TL SPEISESTÄRKE
80 G BUTTER
150 G GERIEBENER MITTELALTER GOUDA, Z.B. PIKANTJE VAN ANTJE
PAPRIKAPULVER EDELSÜSS

PRO PORTION:

E: 29 G, F: 47 G, KH: 10 G
KJ: 2657, KCAL: 635

ZUBEREITUNG: KLASSISCH

4 PORTIONEN, ZEIT: ETWA 60 MINUTEN

1 Für die Füllung Möhren und Frühlingszwiebeln putzen und waschen. Möhren in dünne Streifen schneiden, Frühlingszwiebeln in Ringe schneiden. Pilze putzen, größere halbieren. Chicorée der Länge nach halbieren, bitteren Keil entfernen, in Streifen schneiden, mit Zitronensaft beträufeln.

2 Möhrenstreifen in Butter etwa 5 Minuten dünsten, dann Frühlingszwiebeln und Pilze zugeben, weitere 3 Minuten dünsten. Zum Schluss Chicorée und Wasser zugeben, salzen und pfeffern und weitere 5 Minuten dünsten.

3 Für die Omelettes Eier trennen. Eiweiß steif schlagen, Eigelb mit Wasser, Salz und Speisestärke schaumig schlagen. Eischnee unterheben.

4 20 g von der Butter in einer beschichteten Pfanne zerlassen. ¼ des Teiges einfüllen, bei mittlerer Hitze abgedeckt backen lassen, bis die Unterseite goldbraun und die Oberseite leicht gestockt ist, 1 Esslöffel Käse darüber streuen. Nacheinander 4 Omelettes braten.

5 Omelettes jeweils bis zur Hälfte auf einen Teller gleiten lassen, auf dieser Hälfte jeweils ¼ des Gemüses anrichten und die andere Hälfte des Omelettes darüber klappen. Mit restlichem Käse und Paprikapulver bestreuen.

6 Kurz vor dem Servieren etwa 2 Minuten unter den vorgeheizten Grill schieben und goldbraun überbacken.

HOLLÄNDISCHE WIRSINGROULADEN

ZUTATEN:

100 G GERSTENGRÜTZE
200 ML WASSER
1 WIRSINGKOHL (ETWA 1 KG)
1 ZWIEBEL
30 G BUTTER, Z.B. BESTE BUTTER VAN ANTJE
1 EI (GRÖSSE M)
SALZ
FRISCH GEMAHLENER PFEFFER
GERIEBENE MUSKATNUSS
250 G HOLLAND BAUERN-GOUDA, MITTELALT
250 ML (¼ L) GEMÜSEBRÜHE
75 G CRÈME FRAÎCHE

OBER-/UNTERHITZE: ETWA 200 °C (VORGEHEIZT)
HEISSLUFT: ETWA 180 °C (NICHT VORGEHEIZT)
GAS: STUFE 3–4 (NICHT VORGEHEIZT)
BACKZEIT: 30–40 MINUTEN.

PRO PORTION:
E: 25 G, F: 33 G, KH: 31 G
KJ: 2246, KCAL: 536

ZUBEREITUNG: GUT VORZUBEREITEN

4 PORTIONEN, 80–90 MINUTEN, OHNE ABKÜHLZEIT

1 Gerstengrütze in kochendes Wasser einstreuen, einmal aufkochen und in 20–30 Minuten ausquellen lassen.

2 Die groben Blätter des Wirsing entfernen. Wirsingkohl um den Strunk herum einschneiden. Kohlkopf im Ganzen in kochendem Salzwasser blanchieren und nach und nach 8 große Blätter ablösen. Zum Abkühlen nebeneinander legen. Restlichen Kohl vom Strunk befreien, waschen und sehr fein schneiden.

3 Zwiebel abziehen, in Würfel schneiden und in Butter glasig dünsten. Klein geschnittenen Kohl dazugeben und unter Rühren 5–6 Minuten dünsten, bis das Gemüse zusammen gefallen ist.

4 Gemüse abkühlen lassen und mit Gerste und Ei mischen. Mit Salz, Pfeffer und Muskat würzen und auf den Kohlblättern verteilen.

5 50 g von dem Käse reiben und beiseite stellen. Restlichen Käse in 8 gleich große Stücke schneiden, in die Gerstenfüllung drücken, alles zu Rouladen aufrollen und mit Holzspießchen fest stecken.

6 Kohlwickel in eine flache feuerfeste Form setzen. Gemüsebrühe mit Crème fraîche verrühren und über die Rouladen gießen. Die Form auf dem Rost in den Backofen schieben, backen.

7 Kurz vor Ende der Garzeit den geriebenen Käse auf die Kohlrouladen streuen und schmelzen lassen.

Frau Antje empfiehlt: Dazu Salzkartoffeln reichen.

SPAGHETTI-SPINAT-SAVARIN „ALKMAAR“

ZUTATEN:

FÜR DEN SAVARIN:

250 G SPAGHETTI
SALZ
20 G BUTTER
SEMMELBRÖSEL
300 G TK-BLATTSPINAT (AUFGETAUT)
1 ROTE PAPRIKASCHOTE
KNOBLAUCHSALZ
PFEFFER
150 G GERIEBENER, MITTELALTER GOUDA, Z.B. PIKANTJE VAN ANTJE

FÜR DEN GUSS:

6 EIER (GRÖSSE M)
250 ML (¼ L) MILCH
SALZ, PFEFFER, MUSKATNUSS

ZUM BESTREUEN:

1 KÄSTCHEN KRESSE

OBER-/UNTERHITZE:
ETWA 200 °C (VORGEHEIZT)
HEISSLUFT: ETWA 180 °C (NICHT VORGEHEIZT)
GAS: STUFE 3–4 (NICHT VORGEHEIZT)
BACKZEIT: ETWA 45 MINUTEN.

PRO PORTION:
E: 36 G, F: 30 G, KH: 48 G
KJ: 2709, KCAL: 647

ZUBEREITUNG: FÜR KINDER

4 PORTIONEN, ZEIT: ETWA 85 MINUTEN

1 Für den Savarin Spaghetti in Salzwasser mit 10 g Butter nach Packungsanleitung garen, abgießen und abtropfen lassen.

2 Frankfurter Kranz- oder Savarin-Form (Ø 24 cm) mit restlicher Butter einfetten, mit Semmelbröseln ausstreuen.

3 Spinat gut ausdrücken und mit einem Wiegemesser fein hacken. Paprikaschote halbieren, entstielen, entkernen, die weißen Scheidewände entfernen, Schote waschen, in sehr feine Würfel schneiden, mit dem Spinat mischen und mit Knoblauchsalz und Pfeffer würzen.

4 Spaghetti der Länge nach im Wechsel mit dem Gemüse und 100 g Käse in die Ringform füllen und gut eindrücken.

5 Für den Guss Eier, Milch, Salz, Pfeffer und Muskat verquirlen und gleichmäßig über die Nudeln gießen. Die Form mit Backpapier abdecken, in die Fettfangschale stellen, in den Backofen schieben und so viel heißes Wasser einfüllen, dass das Wasser bis kurz unter den Rand der Fettfangschale reicht, backen.

6 Form aus dem Backofen nehmen, mit einem scharfen Messer den Nudel-Savarin vom Rand lösen und auf eine Platte stürzen. Mit dem restlichen Käse bestreut kurz unter den vorgeheizten Grill schieben und etwa 3 Minuten überbacken.

7 Vor dem Servieren mit abgespülter, trockengetupfter Kresse bestreuen.

SPARGEL
MIT KÄSE-HOLLANDAISE

ZUTATEN:

2 KG SPARGEL
1 PRISE SALZ
1 TL ZUCKER
5 G BUTTER

FÜR DIE SAUCE HOLLANDAISE:

50 G BUTTER, Z.B. BESTE BUTTER VAN ANTJE
30 G WEIZENMEHL
250 ML (1/4 L) MILCH
125 ML (1/8 L) SCHLAGSAHNE
250 ML (1/4 L) SPARGELBRÜHE
FRISCH GEMAHLENER PFEFFER
50 G GERIEBENER HOLLAND GOUDA, ALT
2 EIGELB (GRÖSSE M)

ZUM BESTREUEN:

300 G GEWÜRFELTER KATEN-SCHINKEN

PRO PORTION:

E: 28 G, F: 55 G, KH: 18 G
KJ: 3021, KCAL: 720

ZUBEREITUNG: FÜR GÄSTE

4 PORTIONEN, ZEIT: ETWA 60 MINUTEN

1 Spargel von oben nach unten schälen, dabei darauf achten, dass die Schalen vollständig entfernt, die Köpfe aber nicht verletzt werden. Die unteren Enden gerade und alle Stangen möglichst gleich lang schneiden (holzige Stellen vollkommen wegschneiden). Den Spargel in kochendem Wasser mit Salz, Zucker und Butter 15–20 Minuten – je nach Stärke der Stangen – garen.

2 Für die Sauce Butter zerlassen, Mehl unter Rühren hinzugeben und etwas aufschäumen lassen. Mit Milch, Sahne und Spargelbrühe auffüllen und kräftig durchkochen lassen. Mit Pfeffer würzen und den Käse darin schmelzen lassen.

3 2–3 Esslöffel Sauce abnehmen, mit Eigelb verrühren, zurück in den Topf gießen und unter Rühren kurz bis zum Siedepunkt kommen lassen.

4 Sauce heiß über den abgetropften Spargel geben und mit Schinkenwürfeln bestreut servieren.

Frau Antje empfiehlt: Dazu schmecken neue Petersilien-Kartoffeln am besten. Die Käse-Hollandaise kann geschmacklich variiert werden, indem 2 Esslöffel gehackte Petersilie, Basilikum oder Kerbel kurz vor dem Servieren unter die Sauce gerührt werden.

SPARGELRAGOUT
MIT KRABBEN IN KÄSESAUCE

ZUTATEN:

1 KG SPARGEL

500 ML (1/2 L) WASSER

SALZ

1/2 TL ZUCKER

FÜR DIE SAUCE:

2 STIELE ESTRAGON

40 G BUTTER, Z.B. BESTE BUTTER VAN ANTJE

30 G WEIZENMEHL

2 EL CRÈME FRAÎCHE

150 G MAASDAMER

SALZ

FRISCH GEMAHLENER PFEFFER

150 G KRABBENFLEISCH

PRO PORTION:

E: 22 G, F: 23 G, KH: 12 G

KJ: 1512, KCAL: 361

ZUBEREITUNG: SCHNELL

4 PORTIONEN, ZEIT: ETWA 45 MINUTEN

1 Spargel von oben nach unten schälen, dabei darauf achten, dass die Schalen vollständig entfernt, die Köpfe aber nicht verletzt werden. Die unteren Enden gerade schneiden (holzige Stellen vollkommen wegschneiden). Spargel in 4–5 cm lange Stücke schneiden. In Wasser [500 ml (1/2 l)] mit Salz und Zucker etwa 15 Minuten garen, über einem Sieb abtropfen lassen und dabei den Sud auffangen.

2 Für die Sauce einen Estragonzweig klein schneiden und mit 3–4 Esslöffeln Spargelsud einige Minuten köcheln. Durch ein Sieb zur restlichen Spargelflüssigkeit gießen.

3 Butter zerlassen, Mehl einrühren, anschwitzen, mit dem Spargelsud auffüllen und unter Rühren aufkochen lassen. Crème fraîche unterrühren. Käse reiben, zur Sauce geben und unter Rühren schmelzen, aber nicht mehr kochen lassen. Die Sauce mit Salz und Pfeffer abschmecken.

4 Spargel und Krabben in der Sauce erhitzen.

5 Mit Estragonblättchen bestreut servieren.

Frau Antje empfiehlt: Dazu schmeckt eine Reis-Wildreismischung besonders gut. Ein gemischter Blattsalat mit einer Kräutervinaigrette kann zusätzlich gereicht werden.

GEMÜSE
MIT NUDELN UND SCHINKEN-KÄSE-SAUCE

ZUTATEN:

250 G ZUCCHINI
200 G ROTE PAPRIKA-SCHOTEN
100 ML WASSER
SALZ
FRISCH GEMAHLENER PFEFFER
250 G BANDNUDELN
10 G BUTTER

FÜR DIE SAUCE:

40 G BUTTER
30 G WEIZENMEHL
250 ML (1/4 L) MILCH
250 ML (1/4 L) SCHLAGSAHNE ODER MILCH
1 TL GEKÖRNTE GEMÜSEBRÜHE
FRISCH GEMAHLENER PFEFFER
150 G HOLLAND MAI-GOUDA ODER HOLLAND GOUDA, JUNG
2–3 EL WEINBRAND
SALZ
150 G GEKOCHTER SCHINKEN

ZUM BESTREUEN:

OREGANOBLÄTTCHEN

PRO PORTION:

E: 31 G, F: 50 G, KH: 56 G
KJ: 3592, KCAL: 858

ZUBEREITUNG: EINFACH

4 PORTIONEN, ZEIT: ETWA 40 MINUTEN

1 Zucchini putzen, waschen, der Länge nach in dünne Scheiben, dann längs in 1 cm breite Streifen schneiden.

2 Paprikaschoten halbieren, entstielen, entkernen, die weißen Scheidewände entfernen, Schoten waschen, in feine Streifen schneiden und mit den Zucchini 4 Minuten in Wasser dünsten, mit Salz und Pfeffer würzen.

3 Bandnudeln in Salzwasser mit 10 g Butter nach Packungsanleitung bissfest garen.

4 Für die Sauce 30 g Butter in einem Topf zerlassen, Mehl unterrühren, anschwitzen, mit Milch und Sahne auffüllen und gut durchkochen lassen. Mit Brühe und Pfeffer würzen.

5 Käse fein würfeln, in der Sauce schmelzen lassen und mit Weinbrand und Salz abschmecken. Schinken würfeln und in der Sauce erhitzen, nicht mehr kochen lassen.

6 Nudeln in ein Sieb geben, abtropfen lassen, mit restlicher Butter in den Topf zurückgeben und mit dem Gemüse kurz durchschwenken.

7 Mit der Schinken-Käse-Sauce anrichten und mit abgespülten, trockengetupften Oreganoblättchen bestreut servieren.

ÜBERBACKENES FRÜHLINGSGEMÜSE

ZUTATEN:

500 G ZUCKERSCHOTEN
60 G BUTTER, Z.B. BESTE BUTTER VAN ANTJE
SALZ
FRISCH GEMAHLENER PFEFFER
250 G BUNDMÖHREN
ZUCKER
2 KOHLRABI (JE 150 G)
150 G HOLLAND SCHNITTKÄSE MIT GARTENKRÄUTERN

OBER-/UNTERHITZE: ETWA 200 °C (VORGEHEIZT)
HEISSLUFT: ETWA 180 °C (VORGEHEIZT)
GAS: STUFE 3–4 (VORGEHEIZT)
BACKZEIT: ETWA 5 MINUTEN.

PRO PORTION:
E: 19 G, F: 23 G, KH: 21 G
KJ: 1635, KCAL: 391

ZUBEREITUNG: SCHNELL

4 PORTIONEN, ZEIT: ETWA 35 MINUTEN

1 Zuckerschoten putzen, waschen, in 20 g Butter mit 2–3 Esslöffeln Wasser, Salz und Pfeffer 4–5 Minuten dünsten.

2 Möhren putzen, schälen, waschen, in schräge Scheiben schneiden. In 20 g Butter mit 2–3 Esslöffeln Wasser, Salz, Pfeffer und Zucker 5–6 Minuten dünsten.

3 Kohlrabi schälen, waschen, vierteln und in Scheiben schneiden. In restlicher Butter mit 2–3 Esslöffeln Wasser und Gewürzen 5–6 Minuten dünsten.

4 Gemüsesorten abwechselnd in Reihen auf einer feuerfesten Platte dekorativ anordnen, mit in kleine Rauten geschnittenem Käse belegen und kurz im Backofen überbacken.

Frau Antje empfiehlt: Dazu schmecken neue Kartoffeln und Katenschinken besonders gut. Das Gemüse kann auch unter dem vorgeheizten Grill überbacken werden, bis der Käse schmilzt.

KÄSE-KRÄUTER-PÜREE
IN PAPRIKAHÄLFTEN

ZUTATEN:

JE 2 ROTE, GRÜNE UND GELBE PAPRIKASCHOTEN
125 ML (1/8 L) WASSER
SALZ
1/4 TL GEKÖRNTE GEMÜSE-BRÜHE
2 PCK. KARTOFFELPÜREE MIT MILCH [2 PORTIONEN VON JE 500 ML (1/2 L) MILCH]
2 BUND GEMISCHTE KRÄUTER
20 G BUTTER
150 G GERIEBENER HOLLAND DOPPELRAHMKÄSE
1 MSP. PAPRIKAPULVER EDEL-SÜSS

OBER-/UNTERHITZE:
ETWA 200 °C (VORGEHEIZT)
HEISSLUFT:
ETWA 180 °C (VORGEHEIZT)
GAS:
STUFE 3–4 (VORGEHEIZT)
BACKZEIT: ETWA 15 MINUTEN.

PRO PORTION:
E: 37 G, F: 197 G, KH: 181 G
KJ: 4779, KCAL: 1137

ZUBEREITUNG: VEGETARISCH

4 PORTIONEN, ZEIT: ETWA 50 MINUTEN

1 Paprikaschoten halbieren, entstielen, entkernen, die weißen Scheidewände entfernen, Schoten waschen. In mild gesalzenem Wasser etwa 10 Minuten garen, herausnehmen, die roten Paprikaschoten pürieren und mit der Brühe und 125 ml (1/8 l) Kochsud einmal aufkochen lassen.

2 Kartoffelpüree nach Packungsanleitung zubereiten. Kräuter abspülen, trockentupfen, fein hacken und zusammen mit der Butter und 100 g Käse unter das Kartoffelpüree schlagen.

3 Püree in die Paprikahälften füllen und restlichen Käse darüber streuen. Rote Paprikasauce in eine feuerfeste Form gießen, gefüllte Paprikahälften hineinsetzen und die Form auf dem Rost in den Backofen schieben, backen.

4 Nach dem Überbacken mit Paprikapulver bestäuben.

Frau Antje empfiehlt: Käse-Kräuter-Püree schmeckt besonders gut zu Rühreiern oder zu Kurzgebratenem. Das Käse-Kräuter-Püree kann auch einfach mit einem Blatt- oder Tomatensalat gereicht werden.

KÄSE-GEMÜSE
IN BACKOFEN-KARTOFFELN

ZUTATEN:

8 MEHLIG KOCHENDE KARTOFFELN (JE 200 G)

FÜR DIE FÜLLUNG:

300 G FRÜHLINGSZWIEBELN
20 G BUTTER, Z.B. BESTE BUTTER VAN ANTJE
200 G GETROCKNETE TOMATEN, IN ÖL EINGELEGT
200 G MITTELALTER GOUDA, Z.B. PIKANTJE VAN ANTJE
2–3 ZWEIGE THYMIAN
SALZ
FRISCH GEMAHLENER PFEFFER

OBER-/UNTERHITZE: ETWA 220 °C (VORGEHEIZT)
HEISSLUFT: ETWA 200 °C (NICHT VORGEHEIZT)
GAS: STUFE 4–5 (NICHT VORGEHEIZT)
BACKZEIT: ETWA 75 MINUTEN.

PRO PORTION:

E: 23 G, F: 19 G, KH: 82 G
KJ: 2574, KCAL: 613

ZUBEREITUNG: DAUERT LÄNGER

4 PORTIONEN. ZEIT: ETWA 95 MINUTEN

1 Kartoffeln sehr gut waschen und abbürsten, auf ein Backblech (30 x 40 cm, mit Backpapier belegt) setzen, das Backblech in den Backofen schieben und 60 Minuten backen.

2 Kartoffeln herausnehmen (Backofen eingeschaltet lassen), jeweils einen Deckel abschneiden, Schale ablösen und Kartoffeln mit einem Teelöffel etwas aushöhlen.

3 Für die Füllung Frühlingszwiebeln putzen, waschen, in feine Ringe schneiden und etwa 5 Minuten in Butter dünsten.

4 Tomaten abtropfen lassen und fein hacken, Käse klein würfeln, Deckel und ausgehöhlte Kartoffelmasse zerdrücken. Alles mit Frühlingszwiebeln mischen und mit den abgespülten, abgezupften Thymianblättchen und Salz und Pfeffer würzen.

5 Masse bergartig in die Kartoffeln füllen, in eine feuerfeste Form setzen und evtl. restliche Füllung dazwischen geben. Die Form auf dem Rost in den Backofen schieben und fertig backen.

BUNT GEFÜLLTE KARTOFFELN

ZUTATEN:

8 NEUE KARTOFFELN
(JE ETWA 140–150 G)

OBER-/UNTERHITZE:
ETWA 200 °C (VORGEHEIZT)
HEISSLUFT:
ETWA 180 °C
(NICHT VORGEHEIZT)
GAS: STUFE 3–4
(NICHT VORGEHEIZT)
BACKZEIT: 50–60 MINUTEN.

200 G TK-ERBSEN
200 G DURCHWACHSENER SPECK
1 ZWIEBEL
30 G BUTTER
125 G GROB GERIEBENER MAASDAMER
1 BUND SCHNITTLAUCH
SALZ
FRISCH GEMAHLENER PFEFFER

OBER-/UNTERHITZE:
ETWA 220 °C (VORGEHEIZT)
HEISSLUFT:
ETWA 200 °C (VORGEHEIZT)
GAS: STUFE 4–5 (VORGEHEIZT)
BACKZEIT: ETWA 15 MINUTEN.

PRO PORTION:
E: 22 G, F: 48 G, KH: 56 G
KJ: 3240, KCAL: 773

ZUBEREITUNG: DAUERT ETWAS LÄNGER

4 PORTIONEN, ZEIT: ETWA 100 MINUTEN

1 Kartoffeln waschen und abbürsten. Auf ein Backblech (30 x 40 cm, mit Backpapier belegt) setzen und das Backblech in den Backofen schieben und backen.

2 Erbsen auftauen lassen. Speck fein würfeln. Zwiebel abziehen und würfeln und in einer Pfanne mit der Hälfte der Butter und dem Speck ausbraten. Abgekühlt in eine Schüssel geben.

3 Kartoffeln aus dem Backofen nehmen, etwas abkühlen lassen, jeweils eine flachen Deckel abschneiden und die Schale davon abziehen. Kartoffeln mit einem Löffel etwas aushöhlen, Deckel und ausgehöhlte Kartoffelmasse mit einer Gabel etwas zerdrücken und zu Speck und Zwiebeln geben. Mit Käse, Erbsen und abgespültem, in feine Röllchen geschnittenen Schnittlauch vermengen und mit Salz und Pfeffer abschmecken.

4 Kartoffeln bergartig mit der Masse füllen und nebeneinander in eine flache feuerfeste Form setzen. Restliche Butter in Flöckchen darauf verteilen und evtl. die restliche Füllung zwischen die Kartoffeln geben. Die Form auf dem Rost in den Backofen schieben und backen.

Frau Antje empfiehlt: Dazu einen Tomaten- oder Gurkensalat servieren.

GEBACKENE KARTOFFELN
MIT PETERSILIENPESTO

ZUTATEN:
8 MITTELGROSSE, MEHLIG KOCHENDE KARTOFFELN (JE 180 G)

FÜR DAS PESTO:
5 BUND PETERSILIE
4 KNOBLAUCHZEHEN
150 ML OLIVENÖL
125 G GERIEBENER HOLLAND GOUDA, ALT
SALZ
FRISCH GEMAHLENER PFEFFER

OBER-/UNTERHITZE:
ETWA 220 °C (VORGEHEIZT)
HEISSLUFT: ETWA 200 °C (NICHT VORGEHEIZT)
GAS: STUFE 4–5 (NICHT VORGEHEIZT)
BACKZEIT: 50–60 MINUTEN.

PRO PORTION:
E: 15 G, F: 46 G, KH: 55 G
KJ: 3025, KCAL: 721

ZUBEREITUNG: GUT VORZUBEREITEN

4 PORTIONEN, ZEIT: ETWA 75 MINUTEN

1 Kartoffeln waschen und abbürsten. Auf ein Backblech (30 x 40 cm, mit Backpapier belegt) setzen und das Backblech in den Backofen schieben, backen.

2 Für das Pesto Petersilie abspülen, grobe Stiele entfernen, trockentupfen. Zusammen mit den abgezogenen Knoblauchzehen mit Handrührgerät mit Schneidstab pürieren. Nach und nach Olivenöl und die Hälfte des Käses unterrühren und mit Salz und Pfeffer abschmecken.

3 Kartoffeln nach dem Backen kreuzweise einschneiden und etwas zusammendrücken, damit sie aufplatzen. Jeweils 1–2 Teelöffel Pesto darauf geben und mit Käse bestreuen.

4 Restliches Pesto und Käse separat dazu servieren.

FLEISCH, GEFLÜGEL, FISCH

MAASDAMER RINDERTOPF

ZUTATEN:

FÜR DAS FLEISCH:

500 G TAFELSPITZ
1 BUND SUPPENGRÜN
2 TL GEKÖRNTE BRÜHE
10 PFEFFERKÖRNER
1 LORBEERBLATT

FÜR DAS GEMÜSE:

2 AUBERGINEN, SALZ
5–6 EL SPEISEÖL
500 G TOMATEN, PFEFFER
200 G MAASDAMER

FÜR DIE SAUCE:

80 G BUTTER, 50 G MEHL
125 ML (1/8 L) SCHLAGSAHNE
125 ML (1/8 L) WEISSWEIN
1/2 TL GEREBELTES BASILIKUM
1/4 TL GEREBELTER THYMIAN

ZUM BESTREUEN:

10 G SEMMELBRÖSEL

OBER-/UNTERHITZE:
ETWA 200 °C (VORGEHEIZT)
HEISSLUFT:
ETWA 180 °C (VORGEHEIZT)
GAS: STUFE 3–4 (VORGEHEIZT)
BACKZEIT: ETWA 30 MINUTEN.

PRO PORTION:
E: 45 G, F: 72 G, KH: 27 G
KJ: 4123, KCAL: 986

ZUBEREITUNG: DAUERT LÄNGER

4 PORTIONEN, ZEIT: 3 STUNDEN, OHNE ABKÜHLZEIT

1 Tafelspitz unter fließendem kalten Wasser abspülen, mit geputztem, gewaschenem, in Stücke geschnittenem Suppengrün, Brühe und Gewürzen in 1 l Wasser etwa 90 Minuten garen. Im Sud abkühlen lassen.

2 Für das Gemüse Auberginen putzen, waschen, in dünne Scheiben schneiden, salzen und 10 Minuten ziehen lassen. Dann mit Küchenpapier abtupfen, in einer Pfanne in Öl anbraten, herausnehmen. Das Fett von den Auberginen mit Küchenpapier abtupfen und das Gemüse beiseite stellen.

3 Tomaten kurze Zeit in kochendes Wasser legen (nicht kochen lassen), in kaltem Wasser abschrecken, enthäuten. Die Stängelansätze herausschneiden, die Tomaten in Scheiben schneiden und mit Salz und Pfeffer bestreuen. Fleisch und Käse ebenfalls in Scheiben schneiden.

4 Für die Sauce 50 g Butter zerlassen, Mehl einrühren, anschwitzen, mit 500 ml (1/2 l) Fleischsud, Sahne und Weißwein auffüllen und unter Rühren aufkochen lassen. Mit Kräutern würzen und mit Salz und Pfeffer abschmecken.

5 Eine feuerfeste Form mit 5 g Butter einfetten und abwechselnd Gemüse-, Käse- und Fleischscheiben einschichten. Zum Schluss die Sauce darüber geben und mit Semmelbröseln bestreuen. Die restliche Butter in Flöckchen darauf setzen. Die Form auf dem Rost in den Backofen schieben, backen.

GEFÜLLTES RINDERFILET

ZUTATEN:

1 KG RINDERFILET
SALZ
FRISCH GEMAHLENER PFEFFER
2 SCHEIBEN TOASTBROT
125 ML (⅛ L) GEMÜSEBRÜHE
1 EL EINGELEGTE TOMATEN-PAPRIKASTREIFEN
100 G MITTELALTER GOUDA, Z.B. PIKANTJE VAN ANTJE
1 EL GEHACKTE ERDNUSSKERNE
1 EL GEHACKTER DILL
1 EL SCHNITTLAUCHRÖLLCHEN
1 EL GEHACKTE PETERSILIE
150 ML WASSER ODER FLEISCHBRÜHE
3 EL SONNENBLUMENÖL
125 ML (⅛ L) SCHLAGSAHNE
125 ML (⅛ L) ROT- ODER PORTWEIN
SAUCENBINDER
ZUCKER

OBER-/UNTERHITZE: ETWA 220 °C (VORGEHEIZT)
HEISSLUFT: ETWA 200 °C (NICHT VORGEHEIZT)
GAS: STUFE 4–5 (NICHT VORGEHEIZT)
BACKZEIT: ETWA 40 MINUTEN.

PRO PORTION:
E: 35 G, F: 19 G, KH: 7 G
KJ: 1670, KCAL: 399

ZUBEREITUNG: GUT VORZUBEREITEN

6 PORTIONEN, ZEIT: ETWA 75 MINUTEN

1 Rinderfilet unter fließendem kalten Wasser abspülen, trockentupfen, enthäuten. In das Rinderfilet mit dem Stiel eines Kochlöffels ein Loch von etwa 3 cm Ø bohren. Filet salzen und pfeffern.

2 Toastbrot in der Brühe einweichen, gut ausdrücken. Tomatenpaprika klein schneiden, Käse würfeln. Beides mit Toast, Erdnusskernen und Kräutern mischen, salzen, pfeffern und das Filet damit füllen. Die Öffnung mit Holzspießchen zustecken und mit einem Baumwollfaden kreuzweise verschließen.

3 Filet auf dem Rost in den Backofen legen und eine Fettfangschale darunter stellen. Wasser oder Fleischbrühe in die Fettfangschale gießen.

4 Während des Bratens mit heißem Öl bestreichen.

5 Braten vor dem Aufschneiden 10 Minuten in Folie gewickelt ruhen lassen, damit sich der Bratensaft gut verteilt.

6 Bratensud mit Sahne und Wein auffüllen, in einen kleinen Kochtopf geben, aufkochen, mit Saucenbinder binden und mit Salz, Pfeffer und Zucker abschmecken.

Frau Antje empfiehlt: Dazu schmecken Kräuter-Champignons, gedünstete Cocktailtomaten und Kartoffel-Kroketten.

GEFÜLLTE SCHINKENPÄCKCHEN

ZUTATEN:

200 G ZUCCHINI
150 G MÖHREN
SALZ
160 G MITTELALTER GOUDA, Z.B. PIKANTJE VAN ANTJE (1 DICKE SCHEIBE)
8 SCHEIBEN GEKOCHTER SCHINKEN (JE ETWA 60 G, OHNE FETTRAND)
2 ZWIEBELN
20 G BUTTER, Z.B. BESTE BUTTER VAN ANTJE
250 G SAURE SAHNE
4 EL SCHLAGSAHNE
1 TL SPEISESTÄRKE
½ BUND PETERSILIE
30 G GERIEBENER HOLLAND GOUDA, ALT

OBER-/UNTERHITZE: ETWA 200 °C (VORGEHEIZT)
HEISSLUFT: ETWA 180 °C (VORGEHEIZT)
GAS: STUFE 3–4 (VORGEHEIZT)
BACKZEIT: ETWA 15 MINUTEN.

PRO PORTION:
E: 40 G, F: 51 G, KH: 8 G
KJ: 2859, KCAL: 683

ZUBEREITUNG: PREISWERT

4 PORTIONEN, ZEIT: ETWA 50 MINUTEN

1 Zucchini und Möhren putzen, Möhren schälen, zusammen mit den Zucchini waschen und in je 8 etwa 4 cm lange Balken schneiden. Möhren etwa 6 Minuten in Salzwasser garen, Zucchinibalken etwa 3–4 Minuten mitgaren, auf ein Sieb gießen und kalt abschrecken.

2 Käse ebenfalls in etwa gleich große Balken schneiden, jeweils einen Möhren-, Zucchini- und Käsebalken in eine Schinkenscheibe wickeln.

3 Zwiebeln abziehen, würfeln und in Butter glasig dünsten. Saure Sahne, Sahne und Speisestärke verrühren, zu den Zwiebeln geben und einmal aufkochen. Petersilie abspülen, trockentupfen, von den Stängeln zupfen und hacken. Die Hälfte der Petersilie unterrühren.

4 Die Zwiebelsahnesauce in eine flache feuerfeste Form geben, Schinkenpäckchen hineinsetzen und mit Käse bestreuen. Die Form auf dem Rost in den Backofen schieben, backen.

5 Die Schinkenpäckchen mit der restlichen Petersilie bestreuen.

Frau Antje empfiehlt: Gefüllte Schinkenpäckchen mit Bauernbrot oder Kartoffelpüree und Salat servieren.

KASSELERBRATEN
MIT BACKPFLAUMEN UND KÄSE

ZUTATEN:

1,25 KG AUSGELÖSTES KASSELER
125 G ENTSTEINTE BACKPFLAUMEN
250 ML (¼ L) PORTWEIN
150 G MITTELALTER GOUDA, Z.B. PIKANTJE VAN ANTJE
1 BECHER (150 G) CRÈME FRAÎCHE
½ EL SPEISESTÄRKE
2–3 EL WASSER

PFEFFERMINZBLÄTTCHEN

OBER-/UNTERHITZE: ETWA 180 °C (VORGEHEIZT)
HEISSLUFT: ETWA 160 °C (NICHT VORGEHEIZT)
GAS: STUFE 2–3 (NICHT VORGEHEIZT)
BACKZEIT: ETWA 60 MINUTEN.

PRO PORTION:
E: 56 G, F: 49 G, KH: 22 G
KJ: 3564, KCAL: 851

ZUBEREITUNG: EINFACH - FÜR GÄSTE

6 PORTIONEN, ZEIT: ETWA 70 MINUTEN

1 Kasseler unter fließendem kalten Wasser abspülen, trockentupfen, alle 2 cm oben einschneiden und jeweils 2 Pflaumen in die Einschnitte stecken. Fleisch auf den Rost der mittleren Einschubleiste legen, in den Backofen schieben und über einer mit 250 ml (¼ l) Wasser gefüllten Fettfangschale braten.

2 Nach und nach mit dem Portwein begießen, etwa 10 Minuten vor Ende der Garzeit den in Streifen geschnittenen Käse in die Einschnitte stecken und fertig garen.

3 Bratensatz in einem Topf mit Crème fraîche aufkochen. Evtl. noch etwas Wasser zugießen, da die Sauce sonst leicht zu salzig wird. Mit in Wasser angerührter Speisestärke binden.

4 Braten mit Pfefferminzblättchen bestreuen.

Frau Antje empfiehlt: Als Beilage dazu Röstkartoffeln, Kartoffelklöße oder Salzkartoffeln und Rotkohl servieren. Als Salat einen Fenchel-Orangensalat servieren.

ÜBERBACKENER
SAUERKRAUT-SCHMORTOPF

ZUTATEN:

300 G KARTOFFELN
150 G MÖHREN
250 G PORREE (LAUCH)
30 G BUTTER, Z.B. BESTE BUTTER VAN ANTJE
ETWA 375 ML (3/8 L) FLEISCHBRÜHE
1 GROSSE DOSE SAUERKRAUT (ABTROPFGEWICHT 810 G)
SALZ
FRISCH GEMAHLENER PFEFFER
ZUCKER
200 G ÄPFEL
200 G KOCHWÜRSTE (METTENDEN)
100 G GERIEBENER MITTELALTER GOUDA, Z.B. PIKANTJE VAN ANTJE

OBER-/UNTERHITZE:
ETWA 200 °C (VORGEHEIZT)
HEISSLUFT:
ETWA 180 °C (VORGEHEIZT)
GAS: STUFE 3–4 (VORGEHEIZT)
BACKZEIT: ETWA 10 MINUTEN.

PRO PORTION:
E: 21 G, F: 29 G, KH: 23 G
KJ: 1930, KCAL: 462

ZUBEREITUNG: PREISWERT

4 PORTIONEN, ZEIT: ETWA 65 MINUTEN

1 Kartoffeln schälen, waschen und in Würfel schneiden. Möhren putzen, schälen, waschen und in Stifte schneiden. Porree putzen, waschen und in schräge Stücke schneiden.

2 Butter in einem Topf erhitzen, Kartoffeln, Möhren und Porree zugeben, 2–3 Minuten andünsten. 250 ml (1/4 l) Fleischbrühe zugeben und 10 Minuten zugedeckt garen. Das Sauerkraut aufgelockert zugeben, mit Salz, Pfeffer und Zucker würzen und 20 Minuten zugedeckt garen lassen. Nach und nach die restliche Fleischbrühe zugeben. Die Menge der Brühe richtet sich nach der Konsistenz des Sauerkrauts.

3 Äpfel waschen, vierteln, Kerngehäuse entfernen und in mundgerechte Stücke schneiden. Zusammen mit den in Scheiben geschnittenen Kochwürsten zum Schmortopf geben und noch 10 Minuten mitgaren lassen. Nochmals abschmecken.

4 Schmorgemüse in eine feuerfeste Form geben, mit Käse bestreuen und die Form auf dem Rost in den Backofen schieben. Überbacken, bis der Käse goldbraun ist.

Frau Antje empfiehlt: Den Sauerkraut-Schmortopf vor dem Servieren mit 1 Esslöffel Schnittlauchröllchen bestreuen.

GEFÜLLTE HACKFLEISCHTALER

ZUTATEN:

FÜR DIE HACKTALER:

1 KG GEMISCHTES HACKFLEISCH (HALB RIND-, HALB SCHWEINEFLEISCH)

SALZ, PFEFFER

1 EI (GRÖSSE M)

1 EIGELB (GRÖSSE M)

1 EL SPEISEÖL

FÜR DIE GEMÜSE-KÄSE-FÜLLUNG:

JE 1 KLEINE ROTE UND GRÜNE PAPRIKASCHOTE

1 EL BUTTER

1/4 TL GEKÖRNTE BRÜHE

1 EL WEISSWEINESSIG

150 G MITTELALTER GOUDA, Z.B. PIKANTJE VAN ANTJE

30 G RAUKE (RUCOLA)

ZUM BESTREUEN:

1/2 KÄSTCHEN KRESSE

OBER-/UNTERHITZE:

ETWA 200 °C (VORGEHEIZT)

HEISSLUFT:

ETWA 180 °C (VORGEHEIZT)

GAS: STUFE 3–4 (VORGEHEIZT)

BACKZEIT: ETWA 20 MINUTEN.

PRO STÜCK:

E: 20 G, F: 27 G, KH: 1 G

KJ: 1456, KCAL: 348

ZUBEREITUNG: GUT VORZUBEREITEN

12 STÜCK, ZEIT: 60 MINUTEN, OHNE ABKÜHLZEIT

1 Für die Hackfleischtaler Hackfleisch mit Salz und Pfeffer würzen und mit Ei und Eigelb vermengen. Die Masse gleichmäßig etwa 1 cm dick auf ein Backblech (30 x 40 cm, gefettet, mit Backpapier belegt) streichen. Das Backblech in den Backofen schieben, backen.

2 Abkühlen lassen und mit einem runden Gebäckausstecher (Ø 5 cm) 24 Hackfleischtaler ausstechen (Reste für Nudelsauce verwenden. Man kann die Hackfleischmasse aber auch in 24 Quadrate schneiden, dann bleiben keine Reste).

3 Für die Gemüse-Käse-Füllung Paprikaschoten halbieren, entstielen, entkernen, die weißen Scheidewände entfernen, Schoten waschen und sehr fein würfeln. Paprikawürfel in Butter mit Brühe und Essig in einer Pfanne etwa 1 Minute dünsten, dann abkühlen lassen.

4 100 g Käse sehr fein würfeln und mit dem Gemüse mischen. Restlichen Käse reiben.

5 12 Fleischtaler mit je einem gewaschenen Raukeblättchen bedecken, etwas Gemüse-Käse-Mischung darauf geben und mit einem zweiten Hackfleischtaler bedecken.

6 Mit geriebenem Käse und Kresse bestreut servieren.

GEFÜLLTE FLEISCHRÖLLCHEN

ZUTATEN:

4 DÜNNE PUTENBRUST-SCHEIBEN (JE ETWA 120 G)
FRISCH GEMAHLENER PFEFFER
160 G MITTELALTER GOUDA, Z.B. PIKANTJE VAN ANTJE (IM STÜCK)
8 SALBEIBLÄTTCHEN
6 SCHEIBEN FRÜHSTÜCKS-SPECK
30 G BUTTER, Z.B. BESTE BUTTER VAN ANTJE
1 BECHER (150 G) CRÈME FRAÎCHE
1 TL GETROCKNETE KRÄUTER-MISCHUNG
125 ML (1/8 L) FLEISCHBRÜHE
125 ML (1/8 L) LIEBLICHER WEISSWEIN
1 TL TOMATENMARK
1–2 TL HELLER SAUCENBINDER

ZUM BESTREUEN:

1–2 TL SCHNITTLAUCH-RÖLLCHEN

PRO PORTION:

E: 47 G, F: 77 G, KH: 6 G
KJ: 4056, KCAL: 969

ZUBEREITUNG: SCHNELL

4 PORTIONEN, ZEIT: ETWA 40 MINUTEN

1 Putenbrustscheiben unter fließendem kalten Wasser abspülen, trockentupfen, der Länge nach halbieren und mit Pfeffer würzen.

2 Käsestück in 8 Balken von der Breite der Fleischscheiben schneiden. Jeweils 1 Salbeiblättchen und ein Käsestück in das Fleisch einrollen. Mit jeweils ½ Scheibe Frühstücksspeck umwickeln und mit kleinen Holzstäbchen fest stecken. Restliche Speckscheiben würfeln, braten, beiseite stellen.

3 Butter in einer beschichteten Pfanne erhitzen und die Röllchen etwa 6–8 Minuten langsam braten und zugedeckt warm stellen.

4 Crème fraîche, Kräuter, Fleischbrühe, Wein und Tomatenmark in den Bratensatz geben und unter Rühren 2–3 Minuten durchkochen, mit Saucenbinder andicken.

5 Putenröllchen vor dem Servieren mit Speckwürfeln und Schnittlauch bestreuen und die Sauce dazu reichen.

Frau Antje empfiehlt: Dazu schmecken Nudeln oder Reis und ein gemischter Blattsalat sehr gut.

GEFLÜGELROULADEN
MIT BOHNEN

ZUTATEN:

160 G GRÜNE BOHNEN
4 SCHEIBEN PUTENBRUSTFILET (JE 160 G)
FRISCH GEMAHLENER PFEFFER
4 SCHEIBEN DURCHWACHSENER RÄUCHERSPECK (JE 30 G)
120 G GOUDA, MITTELALT
4 EL SPEISEÖL
250 ML (1/4 L) WEISSWEIN
150 G CRÈME FRAÎCHE
1 EL TOMATENMARK
150 G HOLLAND DOPPELRAHMKÄSE
ZUCKER, SALZ
1 EL SAUCENBINDER, HELL

PRO PORTION:

E: 58 G, F: 62 G, KH: 7 G,
KJ: 3813, KCAL: 910

ZUBEREITUNG: FÜR GÄSTE

4 PORTIONEN, ZEIT: 50 MINUTEN

1 Von den Bohnen die Enden abschneiden. Die Bohnen evtl. abfädeln, waschen. Die Bohnen in etwas Salzwasser 4–5 Minuten vorgaren, auf einem Sieb abtropfen lassen.

2 Putenbrustfilets unter fließendem kalten Wasser abspülen, trockentupfen, mit Pfeffer bestreuen. Jedes Putenbrustfilet mit einer Speckscheibe und mit einem Viertel der Bohnen belegen.

3 Den Käse in 4 Balken schneiden, auf die Bohnen legen und die Fleischscheiben zu festen Rouladen aufrollen, mit Holzspießchen feststecken.

4 Öl in einer Pfanne erhitzen und die Rouladen rundherum bräunen, zugedeckt 10–15 Minuten bei milder Hitze garen lassen.

5 In der Zwischenzeit Weißwein, Crème fraîche und Tomatenmark in einem Topf verrühren, aufkochen. Gewürfelten Doppelrahmkäse zugeben und unter Rühren schmelzen lassen. Rouladen aus der Pfanne nehmen, warm stellen.

6 Den Bratenfond entfetten und den Rest mit in die Sauce rühren. Mit Zucker und Salz abschmecken, Saucenbinder einrühren. Die Sauce zu den Rouladen servieren.

Frau Antje empfiehlt: Dazu Kartoffelpüree mit Kräutern und einen Tomatensalat servieren.

CHEESY-CHICKEN

ZUTATEN:

4 HÄHNCHENBRUSTFILETS (JE 150 G)
SALZ
FRISCH GEMAHLENER PFEFFER
ABGERIEBENE SCHALE VON ½ ZITRONE (UNBEHANDELT)
4 SCHEIBEN (160 G) GOUDA MITTELALT, Z.B. PIKANTJE VAN ANTJE
40 G BUTTER, Z.B. BESTE BUTTER VAN ANTJE
125 ML (⅛ L) WEISSWEIN
250 ML (¼ L) HÜHNERBRÜHE
150 G CRÈME FRAÎCHE
1 TL ROTER PFEFFER
½ TL CURRYPULVER
1 EL HONIG
3 EL WASSER
½ EL SPEISESTÄRKE
1 KIWI
10 G MANDELBLÄTTCHEN
ZITRONENMELISSEBLÄTTCHEN

PRO PORTION:

E: 49 G, F: 35 G, KH: 6 G, KJ: 2388, KCAL: 571

ZUBEREITUNG: EINFACH

4 PORTIONEN, ZEIT: 45 MINUTEN

1 Hähnchenbrustfilets unter fließendem kalten Wasser abspülen, trockentupfen, quer aufschneiden und flachklopfen.

2 Das Fleisch mit der Außenseite nach oben auf die Arbeitsfläche legen, salzen, pfeffern, mit der Zitronenschale bestreuen, die Käsescheiben darauf legen, aufrollen, mit Holzspießchen feststecken.

3 Butter in einer Pfanne zerlassen, die Rouladen darin rundherum braun anbraten.

4 Wein und Hühnerbrühe zugeben, etwa 10 Minuten zugedeckt garen. Hähnchenrollen aus dem Sud nehmen. Crème fraîche, roten Pfeffer, Curry und Honig zugeben, aufkochen und mit in Wasser angerührter Speisestärke binden. Rouladen noch 5–10 Minuten in der Sauce ziehen lassen.

5 Kiwi schälen, in Scheiben schneiden, dann vierteln und in die Sauce geben. Mandelblättchen in der Pfanne ohne Fett rösten, vor dem Anrichten mit den gewaschenen, trockengetupften Zitronenmelisseblättchen über das Gericht streuen.

Frau Antje empfiehlt: Grüne Bandnudeln und Möhrengemüse dazu reichen.

GEFÜLLTE HÄHNCHENBRUST

ZUTATEN:

2 HÄHNCHENBRUSTFILETS MIT HAUT (JE 250 G), OHNE KNOCHEN
SALZ
FRISCH GEMAHLENER PFEFFER
1 BRÖTCHEN VOM VORTAG
1 EL GEMISCHTE, GEHACKTE KRÄUTER
1 EI (GRÖSSE M)
100 G MAASDAMER

PRO PORTION:

E: 38 G, F: 17 G, KH: 6 G
KJ: 1424, KCAL: 341

ZUBEREITUNG: FÜR GÄSTE

4 PORTIONEN, ZEIT: ETWA 50 MINUTEN

1 Hähnchenbrustfilets unter fließendem kalten Wasser abspülen, trockentupfen, aufklappen und von innen und außen mit Salz und Pfeffer würzen.

2 Brötchen einweichen und gut ausdrücken, mit Kräutern, Ei und gewürfeltem Käse gut mischen und mit Salz und Pfeffer würzen.

3 Masse auf die Innenseite der Hähnchenbrüste geben, zusammenklappen und mit Küchengarn zunähen oder umwickeln.

4 Hähnchenbrüste in dicke Alufolie wickeln und auf dem Grill unter häufigem Wenden etwa 20 Minuten garen. Aus der Folie nehmen und noch weitere 10 Minuten unter häufigem Wenden grillen.

Frau Antje empfiehlt: Dazu Kartoffelsalat und Grillsaucen servieren. Wenn die gefüllte Hähnchenbrust in einer Bratpfanne zubereitet werden soll, 1–2 Esslöffel Butter erhitzen, die Hähnchenbrust hineingeben, von beiden Seiten anbraten und bei mittlerer Hitze in etwa 15 Minuten gar braten.

PUTENCURRY
IN MAASDAMER-SAUCE

ZUTATEN:

200 G REIS
SALZ
150 G ROTE LINSEN
600 G PUTENBRUST
2 STANGEN PORREE (LAUCH)
2 EL SPEISEÖL
FRISCH GEMAHLENER WEISSER PFEFFER
2 EL CURRYPULVER
750 ML (3/4 L) HÜHNERBRÜHE
100 G MAASDAMER
1/2 BECHER (100 ML) SCHLAG-SAHNE
ETWA 1 1/2 EL HELLER SAUCEN-BINDER

PRO PORTION:

E: 91 G, F: 31 G, KH: 89 G
KJ: 4377, KCAL: 1043

ZUBEREITUNG: FÜR GÄSTE

4 PORTIONEN, ZEIT: ETWA 45 MINUTEN

1 Reis in 400 ml Salzwasser in etwa 20 Minuten garen und warm stellen. Auf einem Sieb abgießen. Linsen in 500 ml (1/2 l) kochendem Salzwasser 10–15 Minuten garen, abtropfen lassen.

2 Putenbrust unter fließendem kalten Wasser abspülen, trockentupfen, in Stücke schneiden. Porree putzen, waschen und in Scheiben schneiden.

3 Öl erhitzen, Fleisch darin anbraten, mit Salz, Pfeffer und Curry würzen und mit Brühe ablöschen. Porree hinzufügen und 10 Minuten kochen lassen.

4 Käse reiben, mit der Sahne zum Fleisch geben, Saucenbinder einrühren und kurz erwärmen. Linsen zufügen, erhitzen, aufkochen lassen und nochmals abschmecken.

5 Das Putencurry mit dem Reis servieren.

MOSEL-SAAR-RUWER

SCHOLLENRÖLLCHEN
MIT WEINTRAUBENSAUCE

ZUTATEN:

FÜR DIE SCHOLLENRÖLLCHEN:

8 SCHOLLENFILETS (JE 100 G)
4 EL ZITRONENSAFT
SALZ
8 SCHEIBEN MAASDAMER (JE 50 G)
100 G RAUKE (RUCOLA)
30 G BUTTER, Z.B. BESTE BUTTER VAN ANTJE
250 ML (1/4 L) WEISSWEIN

FÜR DIE SAUCE:

300 G GRÜNE WEINTRAUBEN
250 ML (1/4 L) SCHLAGSAHNE
1 MSP. SAFRAN
4 EIGELB (GRÖSSE M)
FRISCH GEMAHLENER WEISSER PFEFFER

PRO PORTION:

E: 55 G, F: 65 G, KH: 21 G
KJ: 4076, KCAL: 974

ZUBEREITUNG: RAFFINIERT

4 PORTIONEN, ZEIT: ETWA 40 MINUTEN

1 Schollenfilets unter fließendem kalten Wasser abspülen, trockentupfen, säubern, mit 3 Esslöffeln Zitronensaft beträufeln und salzen. 15 Minuten marinieren.

2 Filets abgetropft mit je einer passend geschnittenen Scheibe Käse, geputzten, gewaschenen Raukeblättern belegen, aufrollen und mit Holzspießchen fest stecken.

3 Butter in einer Pfanne zerlassen, mit Weißwein aufgießen, Schollenröllchen darin etwa 8–10 Minuten zugedeckt garen, herausnehmen und warm stellen.

4 Für die Sauce Weintrauben waschen, halbieren, entkernen, in den Sud geben und aufkochen lassen. Sahne einrühren und mit Safran und restlichem Zitronensaft unter Rühren aufkochen. Eigelb verrühren, unterziehen, nicht mehr kochen lassen und mit Salz und Pfeffer abschmecken.

5 Sauce zu den Fischröllchen servieren.

Frau Antje empfiehlt: Wildreis dazu servieren. Als weitere Beilage passt ein Blattsalat mit Vinaigrette.

ÜBERBACKENE KABELJAU-KOTELETTS IM KOHLBETT

ZUTATEN:

FÜR DAS GEMÜSE:

750 G WEISSKOHL
500 G PAPRIKASCHOTEN (Z.B. GELB UND ROT)
2 ZWIEBELN
50 G DURCHWACHSENER RÄUCHERSPECK
20 G BUTTER
SALZ
FRISCH GEMAHLENER PFEFFER
EVTL. GEMAHLENER KÜMMEL
250 ML (¼ L) FLEISCHBRÜHE

FÜR DEN FISCH:

4 KABELJAU-KOTELETTS ODER FISCHFILETS, JE ETWA 200 G
125 G MITTELALTER GOUDA, Z.B. PIKANTJE VAN ANTJE

OBER-/UNTERHITZE:
ETWA 250 °C (VORGEHEIZT)
HEISSLUFT: ETWA 230 °C (NICHT VORGEHEIZT)
GAS: ETWA STUFE 5 (NICHT VORGEHEIZT)
GARZEIT: ETWA 65 MINUTEN.

PRO PORTION:
E: 48 G, F: 25 G, KH: 10 G
KJ: 2339, KCAL: 558

ZUBEREITUNG: DAUERT LÄNGER

4 PORTIONEN, ZEIT: ETWA 90 MINUTEN

1 Für das Gemüse Kohl putzen, waschen, achteln, Strunk und dicke Rippen entfernen, den Kohl klein schneiden.

2 Paprika halbieren, entstielen, entkernen, die weißen Scheidewände entfernen, Schoten waschen, achteln und in Stücke schneiden. 1 Stück rote Paprika zurücklassen.

3 Zwiebeln abziehen, würfeln. Speck in einer Pfanne ausbraten, Zwiebelwürfel darin glasig dünsten, in eine mit Butter eingefettete, feuerfeste Form geben. Kohl und Paprikastücke gemischt einfüllen, mit Salz, Pfeffer und Kümmel würzen. Fleischbrühe zugießen und die Form zugedeckt auf dem Rost in den Backofen schieben und zwischendurch umrühren.

4 Nach 45 Minuten Garzeit die abgespülten, trockengetupften Fischkoteletts salzen, pfeffern, auf den Kohl legen und weitere 15 Minuten zugedeckt garen.

5 Käse reiben, dick auf die Fischstücke häufen und im Backofen abgedeckt goldgelb schmelzen lassen.

6 Das zurückgelassene Stück Paprika in feine Streifen schneiden, das Gericht damit bestreuen und servieren.

Frau Antje empfiehlt: Petersilienkartoffeln oder Kartoffelpüree dazu reichen.

BUNTES OFENGEMÜSE

ZUTATEN:

400 G ROTE, GRÜNE, GELBE PAPRIKASCHOTEN
300 G AUBERGINEN
300 G ZUCCHINI
600 G FLEISCHTOMATEN
100 G ZWIEBELN
2 KNOBLAUCHZEHEN
2 EL SPEISEÖL
2 TL GEMÜSE-HEFEBRÜHE-EXTRAKT
125 ML (1/8 L) HEISSES WASSER
FRISCH GEMAHLENER PFEFFER
1 TL KRÄUTER DER PROVENCE
200 G HOLLAND GOUDA, ALT

OBER-/UNTERHITZE: ETWA 220 °C (VORGEHEIZT)
HEISSLUFT: ETWA 200 °C (NICHT VORGEHEIZT)
GAS: STUFE 4–5 (NICHT VORGEHEIZT)
BACKZEIT: ETWA 60 MINUTEN.

PRO PORTION:
E: 17 G, F: 20 G, KH: 18 G, KJ: 1425, KCAL: 341

ZUBEREITUNG: DAUERT LÄNGER

4 PORTIONEN, ZEIT: 105 MINUTEN

1 Paprikaschoten halbieren, entstielen, entkernen, die weißen Scheidewände entfernen. Die Schoten waschen.

2 Auberginen, Zucchini und Tomaten waschen, die Stängelansätze ab- bzw. herausschneiden. Das Gemüse in mundgerechte Stücke schneiden.

3 Zwiebeln und Knoblauch abziehen. Zwiebeln in kleine Würfel schneiden. Knoblauchzehen durchpressen. Öl in einer Auflaufform verstreichen, Zwiebelwürfel und durchgepressten Knoblauch hinein geben. Das Gemüse einschichten. Gemüse-Hefebrühe-Extrakt in heißem Wasser auflösen, über das Gemüse gießen, mit Pfeffer und Kräutern der Provence würzen. Die Form zudecken und auf dem Rost in den Backofen schieben, backen.

4 10 Minuten vor Beendigung der Garzeit den grob geriebenen Käse über das Gemüse geben.

Beilage: Frisches Bauernbrot.

Frau Antje empfiehlt: Das bunte Ofengemüse vor dem Servieren mit 2 Esslöffeln fein geschnittenem Basilikum oder gehackter Petersilie bestreuen.

MAKKARONIAUFLAUF
MIT GEMÜSE

ZUTATEN:

250 G MAKKARONI
SALZ
50 G BUTTER, Z.B. BESTE BUTTER VAN ANTJE
500 G BROCCOLI
1 BUND FRÜHLINGSZWIEBELN
1 DOSE (280 G) GEMÜSEMAIS
2 DICKE SCHEIBEN GEKOCHTER SCHINKEN (250 G)
300 G MITTELALTER GOUDA, Z.B. PIKANTJE VAN ANTJE
6 EIER (GRÖSSE M)
200 ML SCHLAGSAHNE
FRISCH GEMAHLENER PFEFFER
1 TL GEREBELTES BASILIKUM
10–12 KLEINE TOMATEN (ETWA 1 KG)

OBER-/UNTERHITZE:
ETWA 220 °C (VORGEHEIZT)
HEISSLUFT:
ETWA 200 °C (NICHT VORGEHEIZT)
GAS: STUFE 4–5 (NICHT VORGEHEIZT)
BACKZEIT: ETWA 60 MINUTEN.

PRO PORTION:
E: 46 G, F: 61 G, KH: 66 G, KJ: 4393, KCAL: 1051

ZUBEREITUNG: GUT VORZUBEREITEN

4 PORTIONEN, ZEIT: 90 MINUTEN

1 Makkaroni in Salzwasser mit 10 g Butter nach Packungsanleitung bissfest kochen, abgießen, kalt abschrecken, abtropfen lassen.

2 Von dem Broccoli die Blätter entfernen, die Stängel abschneiden und schälen, Broccoli waschen, in Salzwasser zum Kochen bringen und etwa 7 Minuten in Salzwasser garen. Broccoli abtropfen lassen.

3 Frühlingszwiebeln putzen, waschen, fein schneiden. Mais auf einem Sieb abtropfen lassen. Schinken fein würfeln.

4 Eine Auflaufform (in die die Makkaroni der Länge nach passen) mit Butter ausstreichen und die Hälfte der Makkaroni einschichten.

5 Käse reiben, die Hälfte darüber streuen. Broccoli auf dem Käse verteilen. Mais und Schinken mischen, auf den Broccoli geben. Mit der Hälfte des restlichen Käses bestreuen. Die Hälfte der Lauchzwiebeln darüber geben. Die restlichen Nudeln darüber schichten.

6 Eier mit Sahne verrühren. Kräftig mit Salz, Pfeffer und Basilikum würzen, über den Auflauf gießen. Restliche Butter in Flöckchen darauf setzen. Die Form auf dem Rost in den Backofen schieben, backen.

7 Inzwischen die Tomaten kurze Zeit in kochendes Wasser legen (nicht kochen lassen), in kaltem Wasser abschrecken, enthäuten. Die Stängelansätze herausschneiden, die Tomaten halbieren.

8 Nach 40 Minuten Backzeit die halbierten Tomaten mit der Schnittfläche nach unten auf den Auflauf geben, mit Salz und Pfeffer bestreuen. Restliche Lauchzwiebeln in die Zwischenräume füllen und mit dem restlichen Käse bestreuen. Den Auflauf fertig backen.

NUDELROLLEN
MIT SPINAT-KÄSE-FÜLLUNG

ZUTATEN:

12 LASAGNE-NUDELN
SALZ
50 G BUTTER, Z.B. BESTE BUTTER VAN ANTJE
750 G SPINAT ODER 450 G TK-BLATTSPINAT (AUFGETAUT)
3 ZWIEBELN
300 G HACKFLEISCH
1 KNOBLAUCHZEHE
200 G MAASDAMER
30 G HOLLAND GOUDA, ALT
FRISCH GEMAHLENER PFEFFER
500 G TOMATEN ODER 1 DOSE (400 G) STÜCKIGE TOMATEN
1 BUND GEHACKTE PETERSILIE
2 EL TOMATENMARK
ETWA 75 ML WASSER

OBER-/UNTERHITZE: ETWA 200 °C (VORGEHEIZT)
HEISSLUFT: ETWA 180 °C (VORGEHEIZT)
GAS: STUFE 3–4 (VORGEHEIZT)
BACKZEIT: ETWA 25 MINUTEN.

PRO PORTION:
E: 48 G, F: 42 G, KH: 47 G
KJ: 3376, KCAL: 806

ZUBEREITUNG: RAFFINIERT

4 PORTIONEN, ZEIT: ETWA 75 MINUTEN

1 Lasagne-Nudeln in Vierergruppen in Salzwasser mit 10 g von der Butter etwa 10 Minuten garen, herausnehmen, kalt abschrecken und nebeneinander auf Frischhaltefolie legen.

2 Spinat zwei- bis dreimal waschen, grobe Stiele entfernen und im Abtropfwasser in einem Topf einmal aufwallen lassen. Den Spinat 1–2 Minuten garen. Auf ein Sieb geben, abtropfen lassen, ausschwenken und grob hacken. TK-Spinat abtropfen lassen und grob hacken.

3 Zwiebeln abziehen, würfeln und ein Drittel der Zwiebeln in 30 g Butter mit dem Hackfleisch anbraten. Mit der abgezogenen, zerdrückten Knoblauchzehe würzen und abkühlen lassen.

4 Maasdamer grob, Gouda fein reiben. Den Gouda beiseite stellen. Spinat, Fleisch, Maasdamer mischen, salzen, pfeffern, auf den Lasagnescheiben verteilen. 2 Esslöffel Füllung zurücklassen.

5 Nudelplatten aufrollen und in eine feuerfeste, mit Butter eingefettete Form geben.

6 Tomaten waschen, Stängelansätze entfernen, klein schneiden, grob hacken oder pürieren. Restliche Zwiebelwürfel, die gehackte Petersilie, Tomatenmark und Wasser zugeben, salzen, pfeffern und ⅔ der Sauce zwischen den Nudelrollen verteilen.

7 Restliche Sauce mit der restlichen Füllung auf den Nudelrollen verteilen. Die Form auf dem Rost in den Backofen schieben.

8 Etwa 5 Minuten vor Ende der Garzeit den zurückgelassenen Gouda darüber streuen und schmelzen lassen.

NUDELPIZZA
MIT MEERESFRÜCHTEN

ZUTATEN:

250 G HÖRNCHEN-NUDELN
SALZ
1 ½ EL BUTTER, Z.B. BESTE BUTTER VAN ANTJE
5 EIER (GRÖSSE M)
5 EL MILCH
150 G CRÈME FRAÎCHE
SALZ
FRISCH GEMAHLENER PFEFFER
1 BUND PETERSILIE
1 BUND DILL
1 BUND SCHNITTLAUCH
1 BUND FRÜHLINGSZWIEBELN
200 G GERIEBENER HOLLAND GOUDA, MITTELALT
150 G GRÖNLAND-KRABBENFLEISCH
150 G MIESMUSCHELFLEISCH (DOSE)
2 EL BUTTER

OBER-/UNTERHITZE: ETWA 200 °C (VORGEHEIZT)
HEISSLUFT: ETWA 180 °C (NICHT VORGEHEIZT)
GAS: STUFE 3–4 (NICHT VORGEHEIZT)
BACKZEIT: ETWA 40 MINUTEN.

PRO PORTION:
E: 40 G, F: 58 G, KH: 47 G, KJ: 3850, KCAL: 920

ZUBEREITUNG: FÜR GÄSTE

4 PORTIONEN, ZEIT: 70 MINUTEN

1 Nudeln in Salzwaser mit ½ Esslöffel Butter nach Packungsanleitung bissfest kochen, auf ein Sieb geben, abtropfen lassen.

2 Eine Pizzaform (Ø 28–30 cm) mit der restlichen Butter ausstreichen. Eier mit Milch und Crème fraîche verrühren, salzen und pfeffern.

3 Kräuter abspülen, trockentupfen. Von Petersilie und Dill die Blättchen von den Stängeln zupfen, hacken. Den Schnittlauch in Röllchen schneiden. Jeweils 1 Teelöffel von den Kräutern zurücklassen.

4 Frühlingszwiebeln putzen, waschen, in Ringe schneiden. Die Hälfte davon beiseite stellen.

5 Eiermilch mit Kräutern und der Hälfte der Frühlingszwiebeln verrühren. Nudeln und ⅔ des geriebenen Käses zugeben, in die Pizzaform füllen. Die Form auf dem Rost in den Backofen schieben, backen.

6 Nach 20 Minuten Backzeit die Pizza herausnehmen. Krabben und Muscheln sowie den restlichen Käse darauf verteilen und die restlichen Frühlingszwiebeln darüber streuen. Butter in Flöckchen darauf setzen. Die Form wieder in den Backofen schieben und fertig backen.

7 Nudelpizza mit den zurückgelassenen Kräutern bestreuen und heiß servieren.

TOMATEN-THUNFISCH-AUFLAUF

ZUTATEN:

750 G KARTOFFELN
SALZ
FRISCH GEMAHLENER PFEFFER
2 DOSEN THUNFISCH (NATURELL – JE 150 G ABTROPFGEWICHT)
225 G ZUCCHINI
1 KG KLEINE TOMATEN
3 EIER (GRÖSSE M)
150 ML MILCH
GERIEBENE MUSKATNUSS
150 G MITTELALTER GOUDA, Z.B. PIKANTJE VAN ANTJE
1 GEH. TL GEHACKTE ROSMARINNADELN ODER PETERSILIE

OBER-/UNTERHITZE:
180–200 °C (VORGEHEIZT)
HEISSLUFT: 160–180 °C (NICHT VORGEHEIZT)
GAS: ETWA STUFE 3 (NICHT VORGEHEIZT)
BACKZEIT: ETWA 45 MINUTEN.

PRO PORTION:
E: 38 G, F: 19 G, KH: 39 G
KJ: 2091, KCAL: 500

ZUBEREITUNG: KLASSISCH

4 PORTIONEN, ZEIT: ETWA 1 ½ STUNDEN

1 Kartoffeln waschen, mit Wasser bedeckt in etwa 25 Minuten gar kochen, abgießen, pellen und abkühlen lassen.

2 Kartoffeln in Scheiben schneiden, in eine gefettete Auflaufform geben, mit Salz und Pfeffer bestreuen.

3 Thunfisch abtropfen lassen, auf den Kartoffeln verteilen. Von der Zucchini die Enden abschneiden, waschen, in dünne Scheiben hobeln und auf dem Thunfisch verteilen, mit Salz, Pfeffer würzen.

4 Tomaten kurze Zeit in kochendes Wasser legen (nicht kochen lassen), kalt abschrecken, enthäuten, Stängelansätze herausschneiden, größere Tomaten evtl. halbieren. Die Eier mit der Milch verquirlen und mit Salz, Pfeffer und Muskat würzen. Den Käse reiben und unterrühren.

5 Etwa ⅓ der Käsemasse auf den Zucchini verteilen, dann die Tomaten darauf setzen und die restliche Käse-Eimasse zwischen den Tomaten verteilen, mit Rosmarin oder Petersilie bestreuen. Die Form auf dem Rost in den Backofen schieben, backen.

Frau Antje empfiehlt: Die Zucchini kann auch durch aufgetaute TK-Erbsen ersetzt werden. Die Kräuter können variieren, anstatt Rosmarin eignet sich Thymian gut für diesen Auflauf.

BROCCOLI
MIT KÄSE UND SCHINKEN

ZUTATEN:

750 G BROCCOLI
SALZ
1 PCK. KARTOFFELPÜREE-PULVER MIT MILCH (3 PORTIONEN)
30 G BUTTER, Z.B. BESTE BUTTER VAN ANTJE
200 G MITTELALTER GOUDA, IN SCHEIBEN, Z.B. PIKANTJE VAN ANTJE
200 G GEKOCHTER SCHINKEN, IN SCHEIBEN

OBER-/UNTERHITZE: ETWA 200 °C (VORGEHEIZT)
HEISSLUFT: ETWA 180 °C (VORGEHEIZT)
GAS: STUFE 3–4 (VORGEHEIZT)
BACKZEIT: ETWA 20 MINUTEN.

PRO PORTION:
E: 39 G, F: 117G, KH: 90 G
KJ: 3483, KCAL: 830

ZUBEREITUNG: FÜR KINDER

4 PORTIONEN, ZEIT: ETWA 55 MINUTEN

1 Von dem Broccoli die Blätter entfernen, Broccoli in Röschen teilen, die Stiele und den Strunk schälen, waschen, in Stücke schneiden, in Salzwasser 4–5 Minuten garen, die Röschen herausnehmen, kalt abschrecken und abtropfen lassen. Stielstücke noch 5 Minuten weiter garen und abgetropft pürieren.

2 Kartoffelpüree nach Packungsanleitung zubereiten, mit den pürierten Gemüsestielen und 20 g Butter verrühren.

3 Eine feuerfeste Form mit der restlichen Butter einfetten, das Püree einfüllen und glatt streichen. Käse und Schinken in breite Streifen schneiden. Jedes Broccoliröschen mit Käse- und Schinkenstreifen umwickeln, nebeneinander auf das Püree setzen und etwas hineindrücken. Die Form auf dem Rost in den Backofen schieben, backen.

Frau Antje empfiehlt: Anstatt des Broccoli kann auch Blumenkohl verwendet werden. Den Auflauf nach dem Backen mit 2 Esslöffeln gehackter Petersilie bestreuen.

FENCHEL
MIT KÄSESAUCE

ZUTATEN:

FÜR DAS GEMÜSE:

4 MITTELGROSSE FENCHELKNOLLEN
250 ML (1/4 L) FLEISCHBRÜHE
2 TL ZITRONENSAFT
4 SCHEIBEN GEKOCHTER SCHINKEN

FÜR DIE SAUCE:

40 G BUTTER
40 G WEIZENMEHL
250 ML (1/4 L) MILCH
150 G MITTELALTER GOUDA, Z.B. PIKANTJE VAN ANTJE
SALZ
FRISCH GEMAHLENER PFEFFER
GERIEBENE MUSKATNUSS
1 EIGELB (GRÖSSE M)

20 G BUTTER

OBER-/UNTERHITZE:
ETWA 200 °C (VORGEHEIZT)
HEISSLUFT:
ETWA 180 °C (VORGEHEIZT)
GAS: STUFE 3–4 (VORGEHEIZT)
BACKZEIT: ETWA 25 MINUTEN.

PRO PORTION:
E: 29 G, F: 35 G, KH: 17 G
KJ: 2001, KCAL: 526

ZUBEREITUNG: KLASSISCH

4 PORTIONEN, ZEIT: ETWA 60 MINUTEN

1 Von den Fenchelknollen die Stiele dicht oberhalb der Knollen abschneiden, braune Stellen entfernen, die Wurzelenden gerade schneiden, die Knollen waschen, in dicke Scheiben schneiden, etwa 10 Minuten in der Fleischbrühe mit Zitronensaft garen.

2 Schinkenscheiben aufrollen, in etwa 4 cm breite Stücke schneiden. Abgetropften Fenchel und Schinkenröllchen in eine gefettete, feuerfeste Form schichten.

3 Für die Sauce Butter zerlassen, Mehl unter Rühren einstreuen, anschwitzen, mit Milch und Gemüsewasser auffüllen, unter Rühren aufkochen lassen und vom Herd nehmen.

4 Käse reiben, 1 Esslöffel beiseite stellen, den Rest in die Sauce rühren. Mit Salz, Pfeffer und Muskat würzen und das Eigelb unterziehen.

5 Sauce über das Gemüse geben, mit dem restlichen Käse bestreuen und die Butter in Flöckchen aufsetzen. Die Form auf dem Rost in den Backofen schieben, backen.

Frau Antje empfiehlt: Dazu schmecken knusprige Bratkartoffeln.

GEFÜLLTE MUSCHELNUDELN

ZUTATEN:

20 GROSSE MUSCHELNUDELN
SALZ
250 G HÄHNCHENBRUSTFILET
2 TOMATEN
100 G KLEINE CHAMPIGNONS
1 EL BUTTER
FRISCH GEMAHLENER WEISSER PFEFFER
40 G BUTTER, Z.B. BESTE BUTTER VAN ANTJE
40 G WEIZENMEHL
250 ML (¼ L) MILCH
250 ML (¼ L) HÜHNERBRÜHE
½ BUND PETERSILIE
½ BUND DILL
100 G MITTELALTER GOUDA, Z.B. PIKANTJE VAN ANTJE
DILL

OBER-/UNTERHITZE:
ETWA 220 °C (VORGEHEIZT)
HEISSLUFT:
ETWA 200 °C (VORGEHEIZT)
GAS: STUFE 4–5 (VORGEHEIZT)
BACKZEIT: ETWA 10 MINUTEN.

PRO PORTION:
E: 33 G, F: 23 G, KH: 46 G,
KJ: 2322, KCAL: 555

ZUBEREITUNG: EINFACH

4 PORTIONEN, ZEIT: 60 MINUTEN

1 Muschelnudeln in Salzwasser nach Packungsanleitung bissfest garen, abtropfen lassen.

2 Hähnchenbrustfilet unter fließendem kalten Wasser abspülen, trockentupfen, in Würfel schneiden.

3 Tomaten abspülen, Stängelansatz entfernen, Tomaten würfeln. Champignons putzen, mit Küchenpapier abreiben, evtl. abspülen, trockentupfen, achteln.

4 Butter erhitzen, Fleischwürfel darin anbraten, herausnehmen. Champignonachtel in dem Bratfett braten, die Tomatenwürfel hinzugeben. Das Fleisch zu den Pilzen geben, mit Salz und Pfeffer bestreuen.

5 Butter in einem Topf erhitzen, das Mehl darin anschwitzen. Mit Milch und Brühe ablöschen, köcheln lassen.

6 Kräuter abspülen, die Blättchen von den Stängeln zupfen, hacken. Den Käse reiben. Kräuter und ⅔ des Käses in die Sauce rühren, mit Salz und Pfeffer würzen.

7 Das Fleisch mit der Hälfte der Sauce mischen und in die Muschelnudeln füllen. Restliche Sauce in 4 feuerfeste Förmchen geben, die Muschelnudeln darauf setzen, mit dem restlichen Käse bestreuen. Die Förmchen auf dem Rost in den Backofen schieben und überbacken.

8 Die Muschelnudeln mit Dill garniert servieren.

GEFÜLLTE NUDELROLLEN
MIT PAPRIKASAUCE

ZUTATEN:

500 G LÄNGLICHE MÖHREN
8 LASAGNE-NUDELN
SALZ
30 G BUTTER, Z.B. BESTE BUTTER VAN ANTJE
500 G ROTE PAPRIKASCHOTEN
100 G FRÜHLINGSZWIEBELN
1 BUND PETERSILIE
400 G HOLLAND GOUDA, JUNG IN SCHEIBEN GESCHNITTEN
CAYENNEPFEFFER
3–4 SPRITZER TABASCO
FRISCH GEMAHLENER PFEFFER
½–1 TL ZUCKER

OBER-/UNTERHITZE: ETWA 200 °C (VORGEHEIZT)
HEISSLUFT: ETWA 180 °C (VORGEHEIZT)
GAS: STUFE 3–4 (VORGEHEIZT)
BACKZEIT: 20–25 MINUTEN.

PRO PORTION:
E: 33 G, F: 24 G, KH: 30 G
KJ: 2056, KCAL: 490

ZUBEREITUNG: DAUERT LÄNGER

4 PORTIONEN, ZEIT: ETWA 90 MINUTEN

1 Möhren putzen, schälen, waschen und im Ganzen in wenig Wasser 10–15 Minuten garen. Der Länge nach in sehr dünne Scheiben schneiden.

2 Lasagne-Nudeln in 2–3 Portionen in reichlich Salzwasser mit 10 g Butter 10 Minuten garen, abgießen, kalt abschrecken und nebeneinander auslegen. Mit den Möhrenstreifen belegen.

3 Paprika halbieren, entstielen, entkernen, die weißen Scheidewände entfernen und Schoten waschen. 120 g in sehr feine Würfel schneiden, restliche Paprika im Mixer pürieren.

4 Frühlingszwiebeln putzen, waschen und in sehr feine Ringe schneiden. Petersilie waschen, trockentupfen, von den Stängeln zupfen und hacken. Käse sehr fein würfeln. Alles mit den Paprikawürfeln vermischen und auf den Lasagne-Nudeln verteilen. 1 Esslöffel der Füllung zum Garnieren beiseite stellen. Lasagne-Nudeln fest aufrollen.

5 Pürierte Paprika mit Cayennepfeffer, Tabasco und wenig Salz, Pfeffer und Zucker würzen. ⅔ der Sauce in eine flache, feuerfeste Form gießen und die Nudelrollen darauf geben. Restliche Butter zerlassen, die Nudelrollen damit bestreichen und mit restlicher Sauce begießen. Die Form auf dem Rost in den Backofen schieben, backen.

6 Vor dem Servieren mit der restlichen Füllung bestreuen.

GRATINIERTE
GEMÜSE-PFANNKUCHEN

ZUTATEN:

FÜR DIE PFANNKUCHEN:

125 G WEIZENMEHL
2 EIER (GRÖSSE M)
250 ML (1/4 L) MILCH
125 ML (1/8 L) WASSER
1/4 TL SALZ

FÜR DIE FÜLLUNG:

250 G STAUDENSELLERIE
500 G CHAMPIGNONS
1 ZWIEBEL
100 G BUTTER, Z.B. BESTE BUTTER VAN ANTJE
250 G TOMATEN
1 BUND PETERSILIE
SALZ
200 G MAASDAMER

FÜR DEN GUSS:

200 ML SCHLAGSAHNE
FRISCH GEMAHLENER PFEFFER
GERIEBENE MUSKATNUSS

OBER-/UNTERHITZE:
ETWA 200 °C (VORGEHEIZT)
HEISSLUFT:
ETWA 180 °C (VORGEHEIZT)
GAS: STUFE 3–4 (VORGEHEIZT)
BACKZEIT: 20–25 MINUTEN.

PRO PORTION:
E: 29 G, F: 58 G, KH: 36 G
KJ: 3379, KCAL: 807

ZUBEREITUNG: DAUERT LÄNGER

4 PORTIONEN, ZEIT: ETWA 100 MINUTEN

1 Für die Pfannkuchen Mehl in eine Schüssel sieben, mit Eiern, Milch, Wasser und Salz zu einem Pfannkuchenteig verrühren, darauf achten, dass keine Klümpchen entstehen und etwa 30 Minuten ruhen lassen.

2 Für die Füllung Sellerie putzen, die harten Außenfäden abziehen, waschen, in dünne Scheiben schneiden, 2 Minuten in kochendem Wasser blanchieren und kalt abschrecken.

3 Pilze putzen, mit Küchenpapier abreiben oder waschen, trockentupfen und in Scheiben schneiden. Zwiebel abziehen, würfeln und mit den Pilzen in 20 g Butter dünsten.

4 Tomaten waschen, Stängelansatz entfernen, in Streifen schneiden und zusammen mit dem Sellerie mitdünsten. Petersilie waschen, trockentupfen, von den Stängeln zupfen und hacken. Mit wenig Salz und Petersilie würzen und alles abkühlen lassen. Käse grob reiben.

5 Etwas von der restlichen Butter zerlassen, darin 8 Pfannkuchen (Ø etwa 20 cm) backen und auf einem mit Backpapier belegten Kuchenrost abkühlen lassen.

6 Eine feuerfeste Form mit der restlichen Butter einfetten. Die Hälfte des Käses unter das Gemüse mischen. Pfannkuchen zu Vierteln zusammenklappen, in die jeweils entstehenden Pfannkuchentaschen etwas Gemüse füllen und die Pfannkuchen fächerartig in die Form schichten.

7 Für den Guss restlichen Käse mit Sahne verrühren, mit Salz, Pfeffer und Muskat würzen und über den Pfannkuchen verteilen. Die Form auf dem Rost in den Backofen schieben, backen.

KARTOFFELAUFLAUF
MIT TOMATEN

ZUTATEN:

FÜR DAS GEMÜSE:

1 KG KARTOFFELN
SALZ
30 G BUTTER
200 G MAASDAMER
2 BUND PETERSILIE
500 G TOMATEN

FÜR DEN GUSS:

4 EIER (GRÖSSE M)
150 G CRÈME FRAÎCHE
4 EL MILCH
SALZ
FRISCH GEMAHLENER PFEFFER
GERIEBENE MUSKATNUSS

OBER-/UNTERHITZE:
ETWA 220 °C (VORGEHEIZT)
HEISSLUFT:
ETWA 200 °C (VORGEHEIZT)
GAS: STUFE 4–5 (VORGEHEIZT)
BACKZEIT: ETWA 25 MINUTEN.

PRO PORTION:
E: 30 G, F: 40 G, KH: 45 G
KJ: 2877, KCAL: 687

ZUBEREITUNG: VEGETARISCH

4 PORTIONEN, ZEIT: 80 MINUTEN, OHNE ABKÜHLZEIT

1 Kartoffeln abspülen, in Salzwasser in der Schale in etwa 25 Minuten gar kochen, pellen, abkühlen lassen und in Scheiben schneiden.

2 4 feuerfeste Portionsformen mit Butter einfetten.

3 Käse in kleine Würfel schneiden oder grob reiben. Petersilie waschen, trockentupfen, von den Stängeln zupfen und hacken. Tomaten waschen, von Stängelansätzen befreien und in Scheiben schneiden.

4 Die Hälfte des Käses und der Petersilie in die Formen geben, dann abwechselnd Kartoffel- und Tomatenscheiben einschichten. Restlichen Käse darüber streuen.

5 Für den Guss Eier mit Crème fraîche, Milch und restlicher Petersilie verquirlen, mit Salz, Pfeffer und Muskat würzen und über das Gemüse geben. Die Formen auf dem Rost in den Backofen schieben und backen, bis die Ei-Käsemasse gestockt ist.

KOHLRABI-KARTOFFEL-GRATIN

ZUTATEN:

600 G KARTOFFELN
1 PRISE SALZ
300 G CHAMPIGNONS
30 G BUTTER, Z.B. BESTE BUTTER VAN ANTJE
1 BUND PETERSILIE
700 G KOHLRABI
FRISCH GEMAHLENER PFEFFER
GERIEBENE MUSKATNUSS
60 G DURCHWACHSENER RÄUCHERSPECK

ZUM BESTREUEN:

200 G GERIEBENER MITTELALTER GOUDA, Z.B. PIKANTJE VAN ANTJE
1 ZWIEBACK

OBER-/UNTERHITZE:
ETWA 200 °C (VORGEHEIZT)
HEISSLUFT:
ETWA 180 °C (VORGEHEIZT)
GAS: STUFE 3–4 (VORGEHEIZT)
BACKZEIT: ETWA 20 MINUTEN.

PRO PORTION:
E: 20 G, F: 31 G, KH: 31 G
KJ: 2107, KCAL: 503

ZUBEREITUNG: EINFACH

4 PORTIONEN, ZEIT: ETWA 75 MINUTEN

1 Kartoffeln abspülen, in Salzwasser in 20–25 Minuten gar kochen, abgießen, abdämpfen, heiß pellen und etwas abgekühlt in Scheiben schneiden.

2 Champignons putzen, mit Küchenpapier abreiben, evtl. waschen und trockentupfen, in Scheiben schneiden und in 15 g Butter 3–4 Minuten dünsten. Petersilie waschen, trockentupfen, hacken (1 Teelöffel zum Garnieren zurücklassen) und zugeben.

3 Kohlrabi schälen, waschen, halbieren oder vierteln, in Scheiben schneiden und in 125 ml (1/8 l) Salzwasser etwa 8–10 Minuten dünsten.

4 Eine Gratinform mit der restlichen Butter einfetten. Pilze einfüllen, Kartoffel- und Kohlrabischeiben in Gruppen gefächert darauf verteilen. Mit Salz, Pfeffer und Muskat würzen, Kohlrabikochsud darüber geben.

5 Speck würfeln oder in feine Streifen schneiden, ausbraten und über dem Gemüse verteilen. Mit Käse und geriebenem Zwieback bestreuen. Die Form auf dem Rost in den Backofen schieben, backen.

6 Vor dem Servieren mit gehackter Petersilie bestreuen.

RATATOUILLE-AUFLAUF

ZUTATEN:

400 G KARTOFFELN
300 G AUBERGINEN
200 G ZUCCHINI, SALZ
300 G PAPRIKASCHOTEN (ROT, GELB, GRÜN)
1 TL GEHACKTER ROSMARIN
2 TL GEHACKTE THYMIANBLÄTTCHEN
3 EL GEHACKTES BASILIKUM
200 G MITTELALTER GOUDA, Z.B. PIKANTJE VAN ANTJE
30 G BUTTER
400 G TOMATEN
FRISCH GEMAHLENER PFEFFER

FÜR DEN GUSS:

4 EIER (GRÖSSE M)
200 ML SCHLAGSAHNE

ZUM BESTREUEN:

2 EL SEMMELBRÖSEL

OBER-/UNTERHITZE: ETWA 200 °C (VORGEHEIZT)
HEISSLUFT: ETWA 180 °C (NICHT VORGEHEIZT)
GAS: STUFE 3–4 (NICHT VORGEHEIZT)
BACKZEIT: ETWA 55 MINUTEN.

PRO PORTION:

E: 27 G, F: 44 G, KH: 29 G
KJ: 2732, KCAL: 653

ZUBEREITUNG: DAUERT ETWAS LÄNGER

4 PORTIONEN, ZEIT: ETWA 100 MINUTEN

1 Kartoffeln schälen, waschen und klein würfeln. Von den Auberginen und Zucchini die Stängelansätze abschneiden, waschen und ebenfalls würfeln. Auberginenwürfel mit etwas Salz bestreuen, 10 Minuten ziehen lassen, dann abtropfen lassen.

2 Paprikaschoten halbieren, entstielen, entkernen, die weißen Scheidewände entfernen, Schoten waschen und ebenfalls würfeln.

3 Kartoffeln und Gemüse mit Kräutern mischen. Käse reiben und ⅔ unter das Gemüse mischen. Eine Auflaufform mit 10 g von der Butter einfetten und die Hälfte der Gemüsemischung einfüllen.

4 Tomaten waschen, Stängelansätze entfernen, in Scheiben schneiden und in die Form schichten. Pfeffern, salzen und das restliche Gemüse darüber geben. Restlichen Käse darüber streuen.

5 Für den Guss Eier und Sahne verquirlen, mit Salz und Pfeffer würzen und gleichmäßig über den Auflauf geben. Semmelbrösel und restliche Butter in Flöckchen darauf verteilen. Die Form auf dem Rost in den Backofen schieben, backen.

6 Sollte der Auflauf zu stark bräunen, ihn mit Alufolie abdecken.

REISAUFLAUF
MIT HÄHNCHENBRUST

ZUTATEN:

1 ZWIEBEL
3 EL SPEISEÖL
200 G LANGKORNREIS
1 DÖSCHEN SAFRAN
1 GROSSE DOSE TOMATEN (ABTROPFGEWICHT 480 G)
1 FLEISCHBRÜHWÜRFEL [FÜR 500 ML (½ L) FLÜSSIGKEIT]
500 G HÄHNCHENBRUSTFILET
20 G PINIENKERNE
50 G ROSINEN
1–2 MSP. GEMAHLENER KÜMMEL ODER KREUZKÜMMEL (CUMIN)
SALZ
FRISCH GEMAHLENER PFEFFER
10 G BUTTER, Z.B. BESTE BUTTER VAN ANTJE
100 G GERIEBENER MAASDAMER

OBER-/UNTERHITZE:
ETWA 200 °C (VORGEHEIZT)
HEISSLUFT:
ETWA 180 °C (VORGEHEIZT)
GAS: STUFE 3–4 (VORGEHEIZT)
BACKZEIT: ETWA 30 MINUTEN.

PRO PORTION:
E: 43 G, F: 19 G, KH: 53 G
KJ: 2360, KCAL: 563

ZUBEREITUNG: RAFFINIERT

4 PORTIONEN, ZEIT: ETWA 65 MINUTEN

1 Zwiebel abziehen, würfeln, in 1 Esslöffel Öl glasig dünsten, Reis zugeben und mit Safran würzen.

2 Tomaten auf ein Sieb geben, Saft auffangen und mit Wasser auf 400 ml Flüssigkeit auffüllen. Mit zerbröseltem Brühwürfel zum Reis geben und 15 Minuten garen lassen.

3 Hähnchenbrustfilet unter fließendem kalten Wasser abspülen, trockentupfen und in Streifen schneiden.

4 Restliches Öl in einer Pfanne erhitzen, Hähnchenbruststreifen darin anbraten. Pinienkerne und Rosinen zugeben und mit Kümmel, Salz und Pfeffer würzen.

5 Eine flache, feuerfeste Form mit Butter einfetten. Reis mit grob zerkleinerten Tomaten und Fleisch mischen, in die Auflaufform füllen und mit Käse bestreuen. Die Form auf dem Rost in den Backofen schieben, backen.

TOMATEN-KRABBEN-GRATIN

ZUTATEN:

600 G TOMATEN

SALZ

FRISCH GEMAHLENER PFEFFER

1/2 TL GEREBELTER OREGANO

400 G NORDSEE-KRABBENFLEISCH

320 G MAASDAMER, IN 1 CM DICKEN SCHEIBEN

ZUM BESTREUEN:

EINIGE ZWEIGE OREGANO ODER BASILIKUM

OBER-/UNTERHITZE:

ETWA 220 °C (VORGEHEIZT)

HEISSLUFT:

ETWA 200 °C (VORGEHEIZT)

GAS:

ETWA STUFE 5 (VORGEHEIZT)

BACKZEIT: ETWA 5 MINUTEN.

PRO PORTION:

E: 42 G, F: 26 G, KH: 8 G

KJ: 1951, KCAL: 466

ZUBEREITUNG: ETWAS TEURER

4 PORTIONEN, ZEIT: ETWA 30 MINUTEN

1 Tomaten kurze Zeit in kochendes Wasser legen (nicht kochen lassen), in kaltem Wasser abschrecken, enthäuten. Die Stängelansätze herausschneiden. 2 Tomaten halbieren, vierteln, einen Teil davon in Spalten und den Rest in Würfel schneiden. Zum Garnieren beiseite stellen.

2 Restliche Tomaten in Scheiben schneiden und 4 feuerfeste Teller damit auslegen. Mit Salz und Pfeffer würzen und Oregano bestreuen.

3 Jeweils in die Mitte das Krabbenfleisch häufen. Käse würfeln, darüber streuen und die Teller auf dem Rost in den Backofen schieben (oder unter dem Grill etwa 3 Minuten gratinieren).

4 Mit Tomatenspalten und -würfeln und mit abgespülten, abgezupften Kräuterblättchen bestreut garnieren.

Frau Antje empfiehlt: Dazu knuspriges Baguette servieren.

ÜBERBACKENE KRABBEN
MIT KÄSE-BÉCHAMELSAUCE

ZUTATEN:

FÜR DAS GRATIN:

300 G MÖHREN
250 G AUSTERNPILZE
1 ZWIEBEL
1 KNOBLAUCHZEHE
20 G BUTTER
SALZ, PFEFFER
200 G GRÖNLAND-KRABBEN-FLEISCH

FÜR DIE SAUCE:

20 G BUTTER
30 G WEIZENMEHL
250 ML (1/4 L) MILCH
1 BECHER (150 G) CRÈME FRAÎCHE
125 ML (1/8 L) HÜHNERBRÜHE
150 G MAASDAMER

ZUM BESTREUEN:

1 GERIEBENER ZWIEBACK
1 BUND SCHNITTLAUCH

OBER-/UNTERHITZE:
ETWA 200 °C (VORGEHEIZT)
HEISSLUFT:
ETWA 180 °C (VORGEHEIZT)
GAS: STUFE 3–4 (VORGEHEIZT)
BACKZEIT: 15–20 MINUTEN.

PRO PORTION:
E: 31 G, F: 36 G, KH: 23 G
KJ: 2419, KCAL: 577

ZUBEREITUNG: RAFFINIERT

4 PORTIONEN, ZEIT: ETWA 60 MINUTEN

1 Möhren putzen, schälen, waschen und in 3–4 cm lange dünne Stifte schneiden. In 4 Esslöffeln Wasser 5–6 Minuten dünsten, abgießen und den Sud auffangen.

2 Austernpilze putzen, mit Küchenpapier abreiben und in Streifen schneiden.

3 Zwiebel und Knoblauchzehe abziehen, würfeln und in 10 g Butter in einer beschichteten Pfanne goldgelb werden lassen. Austernpilze zugeben, bei starker Hitze unter häufigem Wenden 5 Minuten braten und mit Salz und Pfeffer würzen.

4 4 Portions-Gratinformen mit je 5 g Butter einfetten. Möhrenstreifen, Austernpilze und Krabben auf die Gratinformen verteilen.

5 Für die Sauce Butter zerlassen, Mehl darin anschwitzen, unter Rühren mit dem Schneebesen Milch, Crème fraîche, Möhrensud und Hühnerbrühe zugießen, verrühren, gut durchkochen lassen und den geriebenen Käse darin schmelzen.

6 Sauce über den Portionen verteilen, mit Zwiebackbröseln bestreuen und die Formen auf dem Rost in den Backofen schieben, backen.

7 Schnittlauch abspülen, trockentupfen, in feine Röllchen schneiden und das Gratin vor dem Servieren mit Schnittlauchröllchen bestreuen.

WEINBEEREN-GRATIN
MIT HÄHNCHENBRUST

ZUTATEN:

2 HÄHNCHENBRUSTFILETS
MIT HAUT (JE ETWA 200 G)
SALZ
FRISCH GEMAHLENER PFEFFER
20 G BUTTER, Z.B. BESTE
BUTTER VAN ANTJE
250 G GRÜNE WEINTRAUBEN
250 G BLAUE WEINTRAUBEN
150 G GERIEBENER
MAASDAMER

OBER-/UNTERHITZE:
ETWA 200 °C (VORGEHEIZT)
HEISSLUFT:
ETWA 180 °C (VORGEHEIZT)
GAS: STUFE 3–4 (VORGEHEIZT)
BACKZEIT: ETWA 10 MINUTEN.

PRO PORTION:
E: 34 G, F: 22 G, KH: 20 G
KJ: 1793, KCAL: 429

ZUBEREITUNG: SCHNELL

4 PORTIONEN, ZEIT: ETWA 45 MINUTEN

1 Hähnchenbrustfilets unter fließendem kalten Wasser abspülen, trockentupfen, mit Salz und Pfeffer würzen und in der heißen Butter rundherum anbraten. Bei milder Hitze etwa 15 Minuten weiterbraten, zwischendurch wenden, aus der Pfanne nehmen und in Alufolie gewickelt beiseite stellen.

2 Weintrauben waschen, halbieren, entkernen und kurz im Bratfett erwärmen (einige ganze Trauben zum Garnieren zurücklassen). Trauben in eine Gratinform geben, pfeffern, mit Käse bestreuen und die Form auf dem Rost in den Backofen schieben, backen.

3 Hähnchenfleisch in Scheiben schneiden und auf dem Gratin anrichten. Mit den ganzen Weintrauben garniert servieren.

Frau Antje empfiehlt: Dazu schmeckt knuspriges Baguette oder körniger Reis.

PIKANTER BLÄTTERTEIGKUCHEN

ZUTATEN:

300 G TK-BLÄTTERTEIG
4 EIER (GRÖSSE M)
½ EL WEIZENMEHL
1 EL SÜSSER SENF
300 G PORREE (LAUCH)
20 G BUTTER, Z.B. BESTE BUTTER VAN ANTJE
3–4 EL FLEISCHBRÜHE (INSTANT)
FRISCH GEMAHLENER PFEFFER
200 G MITTELALTER GOUDA, Z.B. PIKANTJE VAN ANTJE
300 G CABANOSSI
10 COCKTAILTOMATEN
20 G WEIZENMEHL
150 ML KONDENSMILCH
1 PRISE SALZ

OBER-/UNTERHITZE: ETWA 220 °C (VORGEHEIZT)
HEISSLUFT: ETWA 200 °C (VORGEHEIZT)
GAS: STUFE 4–5 (VORGEHEIZT)
BACKZEIT: 30–35 MINUTEN.

PRO PORTION:
E: 23 G, F: 39 G, KH: 19 G
KJ: 2263, KCAL: 541

ZUBEREITUNG: FÜR GÄSTE

8 PORTIONEN, ZEIT: ETWA 60 MINUTEN

1 Blätterteigplatten nebeneinander legen und abgedeckt etwas antauen lassen.

2 Ein Ei trennen. Mehl auf ein Backbrett sieben, Blätterteigplatten leicht überlappend zu einer Platte zusammenlegen, die Kanten mit Eiweiß bestreichen und fest drücken.

3 Platte für eine Pieform von etwa Ø 30 cm ausrollen, so dass der Teig noch etwa 2 cm über den Rand der Form hängen kann. In die gefette Form legen und im Abstand von 2–3 cm mit der Schere zum Rand der Form einschneiden. Die Abschnitte jeweils zur Hälfte überklappen, damit Zacken entstehen.

4 Teig in der Form mit einer Gabel einstechen, mit Senf bestreichen und bis zum Backen kalt stellen.

5 Porree putzen, waschen, in feine Ringe schneiden, in Butter mit Fleischbrühe 3–4 Minuten dünsten. Abgekühlt auf dem Teigboden verteilen und pfeffern. Käse reiben und die Hälfte auf den Porree streuen. Cabanossi in Scheiben schneiden. Tomaten waschen, kreuzweise einritzen, beides auf Gemüse und Käse verteilen.

6 Mehl mit Kondensmilch und restlichen Eiern, Eiweiß und Eigelb verquirlen, mit Salz und Pfeffer würzen, restlichen Käse zugeben, gut verrühren und in die Form gießen. Die Form auf dem Rost in die untere Hälfte des Backofens schieben, backen.

SCAMPI-QUICHE
MIT FRÜHLINGSZWIEBELN

ZUTATEN:

FÜR DEN KNETTEIG:
250 G WEIZENMEHL
1 EI (GRÖSSE M)
½ TL SALZ
125 G BUTTER
HÜLSENFRÜCHTE ZUM BLINDBACKEN

FÜR DEN BELAG:
1 BUND FRÜHLINGSZWIEBELN
3 EIER (GRÖSSE M)
200 G GERIEBENER MAASDAMER
200 G SCHMAND
125 ML (⅛ L) SCHLAGSAHNE
SALZ
FRISCH GEMAHLENER PFEFFER
6–8 HUMMERKRABBEN-SCHWÄNZE, GEKOCHT (ETWA 300 G)

OBER-/UNTERHITZE:
ETWA 200 °C (VORGEHEIZT)
HEISSLUFT: ETWA 180 °C (NICHT VORGEHEIZT)
GAS: STUFE 3–4 (NICHT VORGEHEIZT)
BACKZEIT: ETWA 45 MINUTEN.

PRO PORTION:
E: 22 G, F: 35 G, KH: 26 G
KJ: 2220, KCAL: 530

ZUBEREITUNG: ETWAS TEURER

4 PORTIONEN, ZEIT: ETWA 55 MINUTEN, OHNE KÜHLZEIT

1 Für den Teig Mehl in eine Rührschüssel sieben. Ei, Salz und Butter in Flöckchen hinzufügen. Die Zutaten mit Handrührgerät mit Knethaken zunächst kurz auf niedrigster, dann auf höchster Stufe gut durcharbeiten.

2 Teig auf einer bemehlten Arbeitsfläche zu einem glatten Teig verkneten und 30 Minuten kalt stellen.

3 Teig auf Größe einer Quicheform (Ø 30 cm) ausrollen, in die gefettete Form legen, Ränder andrücken und Backpapier auf den Boden legen. Zum Blindbacken Hülsenfrüchte einfüllen. Die Form auf dem Rost in den Backofen schieben und 15 Minuten backen.

4 Nach dem Backen Hülsenfrüchte und Backpapier entfernen.

5 Für den Belag Frühlingszwiebeln putzen, waschen, in Ringe schneiden und 1 Esslöffel beiseite stellen. Eier verquirlen und mit Käse, Schmand, Sahne und Frühlingszwiebeln verrühren. Mit wenig Salz und Pfeffer würzen.

6 Masse auf den Teig geben und die Form auf dem Rost in den Backofen schieben und weitere 15 Minuten backen.

7 Die Form herausnehmen, halbierte, entdarmte, abgespülte, trockengetupfte Hummerschwänze (bis auf einen) dekorativ in die Masse drücken und die Form wieder auf dem Rost in den Backofen schieben und fertig backen.

8 Vor dem Servieren mit restlichen Frühlingszwiebeln und klein geschnittenem Hummerkrabbenfleisch garnieren.

BLUMENKOHLTORTE
MIT BROCCOLI

ZUTATEN:

1 KG BLUMENKOHL
1 PRISE SALZ
250 G BROCCOLI

FÜR DIE SAUCE:

40 G BUTTER, Z.B. BESTE BUTTER VAN ANTJE
50 G WEIZENMEHL
200 ML WEISSWEIN
200 ML SCHLAGSAHNE
100 G GERIEBENER HOLLAND GOUDA, ALT
FRISCH GEMAHLENER PFEFFER
1 MSP. MUSKATNUSS
3 EIER (GRÖSSE M)
1 EIGELB (GRÖSSE M)

OBER-/UNTERHITZE:
ETWA 220 °C (VORGEHEIZT)
HEISSLUFT:
ETWA 200 °C (VORGEHEIZT)
GAS: STUFE 4–5 (VORGEHEIZT)
BACKZEIT: ETWA 30 MINUTEN.

PRO STÜCK:
E: 10 G, F: 19 G, KH: 8 G
KJ: 1152 , KCAL: 275

ZUBEREITUNG: VEGETARISCH

8 STÜCKE, ZEIT: ETWA 70 MINUTEN

1 Blumenkohl von Blättern, schlechten Stellen und Strunk befreien, waschen, in Röschen teilen, in Salzwasser in etwa 8–10 Minuten gar kochen und abtropfen lassen. 6–8 Röschen beiseite legen, den Rest grob hacken.

2 Von dem Broccoli die Blätter entfernen, in Röschen teilen, die Stängel am Strunk schälen, 2–3 Minuten in kochendem Salzwasser blanchieren, kalt abschrecken und beiseite stellen.

3 Für die Sauce Butter zerlassen, Mehl einrühren, anschwitzen und mit Wein und Sahne zu einer dicklichen Sauce kochen. Vom Herd nehmen und den Käse einstreuen. Mit Salz, Pfeffer und Muskat kräftig würzen und etwas abkühlen lassen. Eier und Eigelb verrühren und unterrühren. Sauce mit gehacktem Blumenkohl sorgfältig mischen.

4 Die Hälfte der Blumenkohlmasse in eine Springform (Ø 22 cm, mit Backpapier ausgelegt) füllen und die Hälfte der Broccoliröschen und die Broccolistücke hineinstecken. Mit der restlichen Blumenkohlmasse bedecken und glatt streichen. Die Torte mit den zurückgelassenen, evtl. halbierten Blumenkohl- und Broccoliröschen garnieren. Die Form auf dem Rost in den Backofen schieben, backen. Sollte die Blumenkohltorte zu stark bräunen, sie mit Alufolie abdecken.

Frau Antje empfiehlt: Knuspriges Baguette dazu reichen.

BASILIKUM-TOMATEN-TORTE

ZUTATEN:

FÜR DEN KNETTEIG:

200 G WEIZENMEHL
1 EI (GRÖSSE M)
½ TL SALZ
1–2 EL WASSER
100 G BUTTER
GETROCKNETE HÜLSENFRÜCHTE ZUM BLINDBACKEN

FÜR DEN BELAG:

200 G MITTELALTER GOUDA, Z.B. PIKANTJE VAN ANTJE
1 BUND BASILIKUM (ETWA 80 G)
150 G COCKTAILTOMATEN

FÜR DEN GUSS:

4 EIER (GRÖSSE M)
200 ML SCHLAGSAHNE
SALZ, PFEFFER

ZUM BESTREUEN:

20 G PINIENKERNE

OBER-/UNTERHITZE:
ETWA 200 °C (VORGEHEIZT)
HEISSLUFT:
ETWA 180 °C (VORGEHEIZT)
GAS: STUFE 3–4 (VORGEHEIZT)
BACKZEIT: 30–35 MINUTEN.

PRO PORTION:
E: 15 G, F: 31 G, KH: 21 G
KJ: 1891, KCAL: 452

ZUBEREITUNG: VEGETARISCH

8 PORTIONEN, ZEIT: ETWA 60 MINUTEN, OHNE KÜHLZEIT

1 Für den Teig Mehl in eine Rührschüssel sieben. Ei, Salz, Wasser und Butter hinzufügen. Die Zutaten mit Handrührgerät mit Knethaken zunächst kurz auf niedrigster, dann auf höchster Stufe gut durcharbeiten.

2 Teig auf einer bemehlten Arbeitsfläche zu einem glatten Teig verkneten und in Frischhaltefolie etwa 1 Stunde kalt stellen.

3 Teig zwischen Frischhaltefolie ausrollen und eine Quicheform (Ø 24 cm, gefettet) damit auskleiden und mit einer Gabel mehrmals einstechen. Teig mit Alufolie oder Backpapier abdecken und zum Blindbacken mit Hülsenfrüchten füllen. Die Form auf dem Rost in den Backofen schieben und 10–12 Minuten backen.

4 Nach dem Backen Hülsenfrüchte und Alufolie oder Backpapier entfernen. Den Backofen eingeschaltet lassen.

5 Für den Belag Käse grob reiben. Basilikum abspülen, trockentupfen, fein schneiden und mit dem Käse mischen.

6 Tomaten waschen, halbieren und die Hälfte gleichmäßig auf dem Boden verteilen. Käse-Kräuter-Mischung darauf geben.

7 Für den Guss Eier und Sahne miteinander verrühren, mit Salz und Pfeffer würzen, über den Belag gießen und die restlichen Tomatenhälften darauf verteilen. Die Form wieder auf dem Rost in den Backofen schieben, fertig backen.

8 Pinienkerne in beschichteter Pfanne hellbraun rösten, über die Torte streuen und noch heiß servieren.

HOLLÄNDISCHER ZWIEBELKUCHEN

ZUTATEN:

FÜR DEN HEFETEIG:

400 G WEIZENMEHL
1 TL SALZ
20 G FRISCHE HEFE
1 TL ZUCKER
250 ML (¼ L) LAUWARME MILCH
1 EI (GRÖSSE M)
2 EL SPEISEÖL

FÜR DEN BELAG:

1,5 KG ZWIEBELN
200 G DURCHWACHSENER RÄUCHERSPECK
3–4 EL WASSER
SALZ, PFEFFER
4 EIER (GRÖSSE M)
250 ML (¼ L) SAURE SAHNE
250 G MITTELALTER GOUDA, Z.B. PIKANTJE VAN ANTJE

OBER-/UNTERHITZE:
ETWA 200 °C (VORGEHEIZT)
HEISSLUFT: ETWA 180 °C (NICHT VORGEHEIZT)
GAS: STUFE 3–4 (NICHT VORGEHEIZT)
BACKZEIT: 30–40 MINUTEN.

PRO STÜCK:
E: 12 G, F: 21 G, KH: 25 G
KJ: 1475, KCAL: 352

ZUBEREITUNG: PREISWERT

16 PORTIONEN, ZEIT: 90 MINUTEN, OHNE TEIGGEHZEIT

1 Für den Teig Mehl mit Salz in eine Schüssel sieben. In die Mitte eine Vertiefung drücken. Hefe hineinbröckeln, Zucker und die Hälfte der Milch hinzufügen. Mit einer Gabel vorsichtig verrühren und etwa 10 Minuten gehen lassen.

2 Restliche Milch, Ei und Öl hinzufügen und mit Handrührgerät mit Knethaken zunächst auf niedrigster, dann auf höchster Stufe in etwa 5 Minuten zu einem Teig verarbeiten. Den Teig zugedeckt 20–30 Minuten an einem warmen Ort gehen lassen, bis er sich sichtbar vergrößert hat.

3 Für den Belag Zwiebeln abziehen, in dünne Ringe schneiden oder hobeln. Speck in dünne Streifen schneiden, in einer Pfanne auslassen und Zwiebelringe darin glasig dünsten. Nach und nach das Wasser hinzufügen, damit die Zwiebeln nicht bräunen, kräftig salzen und pfeffern und etwas abkühlen lassen.

4 Teig auf einem Backblech (30 x 40 cm, gefettet) ausrollen. Gedünstete Zwiebeln, Eier, saure Sahne und geriebenen Gouda verrühren, nochmals salzen und pfeffern, gleichmäßig auf dem Teig verteilen und glatt streichen. Den Teig etwa 15 Minuten gehen lassen, dann das Backblech in den Backofen schieben, backen.

Frau Antje empfiehlt: 150 g geputzte, in Ringe geschnittene Frühlingszwiebeln zu den Zwiebeln geben und mit andünsten.

KÄSESCHNECKEN

ZUTATEN:

FÜR DEN HEFETEIG:

500 G WEIZENMEHL
1 MSP. SALZ
20 G FRISCHE HEFE
½ TL ZUCKER
250 ML (¼ L) LAUWARME MILCH
50 G WEICHE BUTTER, Z.B. BESTE BUTTER VAN ANTJE
1 EI (GRÖSSE M)

FÜR DIE FÜLLUNG:

10 G BUTTER, 2 ZWIEBELN
200 G HACKFLEISCH
1 EI (GRÖSSE S), SALZ
FRISCH GEMAHLENER PFEFFER
1 BUND GEHACKTE, GEMISCHTE KRÄUTER (Z.B. PETERSILIE, DILL, LIEBSTÖCKEL, BASILIKUM)
300 G HOLLAND SCHNITTKÄSE MIT GARTENKRÄUTERN

OBER-/UNTERHITZE:
ETWA 200 °C (VORGEHEIZT)
HEISSLUFT:
ETWA 180 °C (VORGEHEIZT)
GAS: STUFE 3–4 (VORGEHEIZT)
BACKZEIT: 25–30 MINUTEN.

PRO STÜCK:
E: 13 G, F: 13 G, KH: 26 G
KJ: 1207, KCAL: 288

ZUBEREITUNG: DAUERT ETWAS LÄNGER

ETWA 15 STÜCK, ZEIT: 75 MINUTEN, OHNE TEIGGEHZEIT

1 Für den Teig Mehl und Salz in eine Schüssel sieben. In die Mitte eine Vertiefung drücken. Hefe hineinbröckeln, Zucker und etwas Milch hinzufügen. Mit einer Gabel vorsichtig verrühren und etwa 10 Minuten gehen lassen.

2 Restliche Milch, Butterflocken und Ei hinzufügen und mit Handrührgerät mit Knethaken zunächst auf niedrigster, dann auf höchster Stufe in etwa 5 Minuten zu einem Teig verarbeiten. Den Teig zugedeckt an einem warmen Ort 20–30 Minuten gehen lassen, bis er sich sichtbar vergrößert hat.

3 In der Zwischenzeit für die Füllung die Butter in einer Pfanne zerlassen. Zwiebeln abziehen, würfeln und darin glasig dünsten. Abgekühlt mit Hackfleisch, Ei, Salz, Pfeffer und Kräutern verkneten. Käse in kleine Würfel schneiden.

4 Teig durchkneten, zu einer etwa 30 x 40 cm großen Platte ausrollen und den Fleischteig gleichmäßig darauf verteilen. Käse darüber verteilen und den Teig von der kürzeren Seite her aufrollen.

5 Teigrolle in knapp 2 cm dicke Scheiben schneiden, Käseschnecken auf ein Backblech (30 x 40 cm, mit Backpapier belegt) legen, etwa 15 Minuten gehen lassen, dann das Backblech in den Backofen schieben, backen.

HERZHAFTE KÄSE-TORTELETTS

ZUTATEN:

FÜR DEN KNETTEIG:

200 G FEINES WEIZENVOLLKORNMEHL
100 G WEIZENMEHL TYPE 1050
100 G WEICHE BUTTER
1 EI (GRÖSSE M)
1 MSP. SALZ, 4–5 EL MILCH

10 G BUTTER FÜR DIE FORMEN
1 EL SEMMELBRÖSEL

FÜR DEN BELAG:

150 G CABANOSSI
200 G HOLLAND BAUERNGOUDA
200 G TK-ERBSEN (AUFGETAUT)

FÜR DEN GUSS:

3 EIER (GRÖSSE M)
150 G CRÈME FRAÎCHE
SALZ, PFEFFER
GERIEBENE MUSKATNUSS

OBER-/UNTERHITZE:
ETWA 200 °C (VORGEHEIZT)
HEISSLUFT:
ETWA 180 °C (VORGEHEIZT)
GAS: STUFE 3–4 (VORGEHEIZT)
BACKZEIT: 20–25 MINUTEN.

PRO PORTION:
E: 28 G, F: 48 G, KH: 40 G
KJ: 3071, KCAL: 734

ZUBEREITUNG: PREISWERT

ETWA 10 STÜCK, ZEIT: 60 MINUTEN, OHNE KÜHLZEIT

1 Für den Teig beide Mehlsorten in eine Rührschüssel sieben. Butter in Flöckchen, Ei, Salz und evtl. Milch hinzufügen. Die Zutaten mit Handrührgerät mit Knethaken zunächst kurz auf niedrigster, dann auf höchster Stufe gut durcharbeiten.

2 Teig auf einer bemehlten Arbeitsfläche zu einem glatten Teig verkneten und 30 Minuten in Folie gewickelt kalt stellen.

3 Teig in 8–9 Portionen teilen, auf wenig Mehl ausrollen und in gefettete, mit Semmelbröseln ausgestreute Förmchen (etwa Ø 10 cm) geben und gut andrücken, überstehenden Teig abschneiden. Die Reste zusammenkneten und erneut ausrollen.

4 Für den Belag Cabanossi in dünne Scheiben schneiden, vierteln, den Käse reiben, beide Zutaten mit Erbsen mischen und auf die Torteletts verteilen.

5 Für den Guss Eier mit Crème fraîche verrühren, mit Salz, Pfeffer und Muskat würzen und in die Torteletts füllen. Die Förmchen auf dem Rost in den Backofen schieben, backen.

6 Heiß als Vorspeise oder Snack servieren.

KÄSEBIRNEN
IN BLÄTTERTEIG

ZUTATEN:

300 G TK-BLÄTTERTEIG
(4 RECHTECKIGE PLATTEN)
4 REIFE BIRNEN, MÖGLICHST GLEICH GROSS (JE 125 G)
125 G MITTELALTER GOUDA, Z.B. PIKANTJE VAN ANTJE
1 EL WEIZENMEHL

ZUM BESTREICHEN:

1 EI (GRÖSSE M)
1 EL MILCH

OBER-/UNTERHITZE:
ETWA 220 °C (VORGEHEIZT)
HEISSLUFT:
ETWA 200 °C (VORGEHEIZT)
GAS: STUFE 4–5 (VORGEHEIZT)
BACKZEIT: ETWA 25 MINUTEN.

PRO PORTION:
E: 14 G, F: 32 G, KH: 44 G
KJ: 2264, KCAL: 542

ZUBEREITUNG: RAFFINIERT – FÜR GÄSTE

4 PORTIONEN, ZEIT: 45 MINUTEN, OHNE AUFTAU- UND RUHEZEITE

1 Blätterteigplatten nebeneinander auf die Arbeitsfläche legen und abgedeckt auftauen lassen.

2 Birnen waschen, abtrocknen und das Kerngehäuse mit einem Apfelausstecher herauslösen. Die Öffnung mit passenden Käsestücken füllen.

3 Von den Blätterteigplatten jeweils ¼ von der kürzeren Seite abschneiden, so dass die Teigplatte eine quadratische Form annimmt und beiseite legen. Restlichen Blätterteig auf wenig Mehl zu je einem Quadrat (20 x 20 cm) ausrollen und die Kanten mit einem Kuchenrädchen ausradeln. Jeweils eine Birne auf die Mitte der Teigquadrate setzen.

4 Das Ei trennen. Teigränder mit Eiweiß bestreichen, Teig über den Birnen zusammenklappen und fest andrücken. Aus dem zurückgelassenen Teig kleine Dekorationen ausradeln, mit etwas Eiweiß bestreichen und die Teigbirnen damit verzieren. Vor dem Backen 15–20 Minuten ruhen lassen.

5 Teigbirnen auf ein Backblech (30 x 40 cm, mit Backpapier belegt) setzen, Eigelb mit Milch verquirlen, die Teigbirnen damit bestreichen und das Backblech in den Backofen schieben, backen.

6 Sofort warm servieren.

Frau Antje empfiehlt: Die Käsebirnen als pikantes Dessert oder Snack servieren.

KÄSEGEBÄCK
AUS BLÄTTERTEIG

ZUTATEN:

450 G TK-BLÄTTERTEIG

MEHL ZUM AUSROLLEN

ZUM BESTREICHEN:

1 EI (GRÖSSE M)

1 EL MILCH

ZUM BESTREUEN:

100 G GERIEBENER HOLLAND GOUDA, ALT

15 G SESAMSAAT

15 G MOHN

OBER-/UNTERHITZE:

ETWA 220 °C (VORGEHEIZT)

HEISSLUFT:

ETWA 200 °C (VORGEHEIZT)

GAS: STUFE 4–5 (VORGEHEIZT)

BACKZEIT: 10–12 MINUTEN.

PRO STÜCK:

E: 2 G, F: 4 G, KH: 4 G

KJ: 263 , KCAL: 63

ZUBEREITUNG: PREISWERT – FÜR GÄSTE

40 STÜCK, ZEIT: 30 MINUTEN, OHNE AUFTAU- UND RUHEZEIT

1 Blätterteigplatten nebeneinander gelegt abgedeckt auftauen lassen.

2 Das Ei trennen und das Eigelb mit Milch verquirlen. Jeweils 1 Blätterteigplatte 1 cm breit mit Eiweiß bestreichen, die nächste Platte etwas übereinanderlappend darauf legen und andrücken.

3 Teig zu einer rechteckigen Platte ausrollen (halbe Teigstärke) und mit Eiweiß bestreichen. Eine Hälfte dick mit Käse bestreuen (etwa 3 EL zurücklassen), die andere Teighälfte darüber klappen und gut andrücken.

4 Teigstreifen von etwa 1 cm Breite und 10–15 cm Länge ausradeln (oder Kekse ausstechen), mit Eigelb bestreichen und mit dem restlichen Käse und abwechselnd Sesam und Mohn bestreuen. Teigstreifen einmal knoten oder zu Spiralen drehen, auf ein Backblech (30 x 40 cm, mit Backpapier belegt) legen. 15 Minuten kalt stellen, anschließend das Backblech in den Backofen schieben, backen.

Frau Antje empfiehlt: Das Käsegebäck warm zu einer Fleischbrühe oder kalt als Knabbergebäck servieren.

KÄSE-SCHINKEN-ROLLEN
IN BLÄTTERTEIG

ZUTATEN:

30 G BUTTER, Z.B. BESTE BUTTER VAN ANTJE
30 G WEIZENMEHL
250 ML (¼ L) MILCH
1 TL GEKÖRNTE BRÜHE
250 G MITTELALTER GOUDA, Z.B. PIKANTJE VAN ANTJE
1–2 BUND SCHNITTLAUCH
1 PCK. TK-BLÄTTERTEIG (10 QUADRATISCHE SCHEIBEN - 450 G)

ZUM BESTREICHEN:

1 EI (GRÖSSE M)
2 EL WASSER

10 DÜNNE SCHEIBEN GEKOCHTER SCHINKEN (JE ETWA 35 G)

OBER-/UNTERHITZE: ETWA 220 °C (VORGEHEIZT)
HEISSLUFT: ETWA 200 °C (VORGEHEIZT)
GAS: STUFE 4–5 (VORGEHEIZT)
BACKZEIT: ETWA 20 MINUTEN.

PRO STÜCK:
E: 18 G, F: 29 G, KH: 19 G
KJ: 1746 , KCAL: 417

ZUBEREITUNG: FÜR GÄSTE

10 STÜCK, ZEIT: 65 MINUTEN, OHNE ABKÜHL-, AUFTAU- UND RUHEZEIT

1 Butter zerlassen, Mehl darin anschwitzen, die Milch unter Rühren mit dem Schneebesen nach und nach dazugeben und aufkochen. Mit Brühe abschmecken und abkühlen lassen. Käse klein würfeln und zusammen mit dem abgespülten, trockengetupften, fein geschnittenen Schnittlauch unter die kalte Sauce rühren.

2 Blätterteigplatten abgedeckt auftauen lassen und jede Platte auf wenig Mehl zu einem Quadrat von etwa 14 x 14 cm ausrollen.

3 Zum Bestreichen das Ei trennen. Schinkenscheiben auf die Teigplatten legen und Teigränder mit Eiweiß bepinseln.

4 Käsemasse auf den Schinkenscheiben verteilen, Teigplatten aufrollen und an den Seiten mit einer Gabel zusammendrücken. Gebäck auf ein Backblech (30 x 40 cm, kalt abgespült) legen und 10–15 Minuten kalt stellen.

5 Eigelb mit Wasser verrühren, Gebäck damit bestreichen, die Oberfläche mehrmals mit einer Gabel einstechen und das Backblech in den Backofen schieben, backen.

Frau Antje empfiehlt: Die Käse-Schinken-Rollen nach dem Bestreichen mit Ei mit Sesamsaat bestreuen oder die Käse-Schinken-Rollen nach dem Backen mit einer Mischung aus Schinken- und Käsewürfeln bestreuen.

SCHINKEN-KÄSE-KUCHEN
MIT OLIVEN

ZUTATEN:

FÜR DEN TEIG:

225 G WEIZENMEHL
1 TL BACKPULVER
4 EIER (GRÖSSE M)
100 ML SPEISEÖL
100 ML TROCKENER WEISSWEIN
100 G HOLLAND GOUDA, ALT
100 G GEKOCHTER SCHINKEN (1 SCHEIBE)
75 G GRÜNE OLIVEN, MIT PAPRIKA GEFÜLLT
25 G SCHWARZE OLIVEN
½ TL SALZ
FRISCH GEMAHLENER PFEFFER

OBER-/UNTERHITZE:
ETWA 180 °C (VORGEHEIZT)
HEISSLUFT:
ETWA 160 °C (NICHT VORGEHEIZT)
GAS: STUFE 2–3 (NICHT VORGEHEIZT)
BACKZEIT: ETWA 40 MINUTEN.

PRO PORTION:
E: 17 G, F: 31 G, KH: 28 G
KJ: 2060, KCAL: 492

ZUBEREITUNG: RAFFINIERT

6 PORTIONEN, ZEIT: ETWA 55 MINUTEN

1 Mehl sieben, mit Backpulver mischen und in einer Schüssel mit Eiern, Öl und Wein verrühren.

2 Gouda reiben, Schinken klein würfeln, grüne Oliven halbieren, schwarze Oliven entsteinen und in Schnitze schneiden. Alles unter den Teig mischen und mit Salz und Pfeffer würzen.

3 Teig in eine gefettete, mit Backpapier ausgelegte, rechteckige Kuchen- oder Auflaufform (etwa 20 x 28 cm) füllen. Die Form auf dem Rost in den Backofen schieben, backen.

4 Kuchen aus der Form nehmen, Backpapier entfernen und warm, in Scheiben geschnitten servieren.

Frau Antje empfiehlt: Den Schinken-Käse-Kuchen zu Bier oder Wein oder zu einem knackigen, gemischten Salat servieren.

Käse aus Holland

Eine kleine Warenkunde

Gouda 48% Fett i.Tr.
Wichtigste holländische Käsesorte. Vollfetter Schnittkäse mit 48% Fett in der Trockenmasse. Das sind ca. 30% Fett absolut. Der Eiweißgehalt liegt bei 25-28%. Etwa 60% der niederländischen Käseproduktion entfallen auf die Sorte Gouda.

Der Verbraucher kann zwischen fünf Reifestufen auswählen:
jung: 4–6 Wochen gereift. Sahnig und zartfein im Geschmack. Bestens geeignet für Käsesalate oder als garnierte Häppchen zu Bier oder Wein. Eine saisonale Spezialität ist der Mai-Gouda, den es von Mitte Juni bis Ende Juli gibt.

jung-abgelagert: 7–12 Wochen alt. Schmeckt noch sahnig, hat aber schon wesentlich mehr Aroma.

mittelalt: 3–6 Monate gereift, ein herzhaft pikanter Genuss. Ideal zum Überbacken und Gratinieren. Unter dem Markennamen Pikantje van Antje gibt es einen garantiert vier Monate gereiften Holland-Gouda an der Käsetheke.

dreiviertelalt: 6–8 Monate gereift. Ein Käse für Kenner: kräftig und voll Charakter.

alt: mindestens 8 Monate gelagert. Ausgereift kräftig im Geschmack und voller Würze. Ideal zum Würzen und zum Verfeinern von Suppen und Saucen.

In Holland genießt man alten Gouda vorzugsweise bei einem Glas altem Portwein.

Wegen seines milden Geschmacks ist der junge Gouda besonders beliebt bei Kindern und Jugendlichen. Junger Gouda gilt als idealer Brotbelag und lässt sich auch, mit Früchten oder Saurem garniert, beim Fernsehen oder beim abendlichen Dämmerschoppen mit Freunden so richtig genießen.

Pikantje van Antje
Wenn der Verbraucher gelagerten Gouda einkaufen möchte, dann verlangt er am besten „Pikantje van Antje“; dieser Käse hat eine garantierte Reife von vier Monaten. Zu erkennen ist er an dem rot-weiß-blauen Seidenetikett mit dem Frau-Antje-Logo auf dem Käselaib. Wegen des geringeren Wassergehalts eignet sich Pikantje ganz vorzüglich für die warme Küche: Für Toaste, Aufläufe, Gratins und die ganze Vielfalt der Nudelgerichte.

Alter Gouda gilt unter Käsekennern als die Krönung holländischer „Kaaskunst“. Pur schmeckt er zum Bier und Genever oder, mal etwas anderes, zu einem kräftigen alten Portwein. In der Küche lässt sich alter Gouda recht vielseitig verwenden: Zum Verfeinern von Suppen, zum Würzen von Saucen und bei der Zubereitung von pikantem Käsegebäck.

Edamer 40% Fett i.Tr.
Die zweite urholländische Traditionssorte ist der Edamer. Die früher gelben und heute meist rot paraffinierten Käsekugeln waren bereits im Mittelalter in ganz Europa gefragte Exportartikel. Als klassischer Käse der Provinz Noord-Holland wurden die handlichen Kugeln von der damaligen (an der Zuiderzee gelegenen) Hafenstadt Edam aus in alle Welt verschifft.

Im Gegensatz zum Gouda, der aus Vollmilch gemacht wird, wird der Edamer aus teilentrahmter Milch hergestellt. Er hat daher nur 40% Fett in der Trockenmasse. Das sind rund 24 Gramm Fett pro 100 Gramm Käse. Der Eiweißgehalt liegt bei 28%. Der Edamer kommt hauptsächlich als junge Ware (4–8 Wochen Reifezeit) auf den deutschen Markt. Sein Geschmack ist angenehm mild.

Der Edamer hat traditionell Kugelform. Sein Gewicht liegt bei etwa 1,8 Kilo. Es gibt ihn aber auch in der praktischen Brotform, wobei das Gewicht zwischen 2 bis 3 kg oder 3,5 bis 5 kg variieren kann.

Kugel- wie auch Brotkäse sind leicht an ihrer roten Rinde zu erkennen. Deutsche Konsumenten genießen den holländischen Edamer am liebsten als Brotbelag oder als zarte Zutat in diversen Käsesalaten.

Maasdamer 45% Fett i.Tr.
Der an der Käsetheke unter verschiedenen Markennamen erhältliche Maasdamer zählt zu den neuesten Käse-Kreationen der niederländischen Molkereiwirtschaft. In wenigen Jahren hat sich der Käse mit den appetitlich großen Löchern an die zweite Stelle in der Exportstatistik gesetzt.

Der Maasdamer sieht aus wie ein dicklaibiger, etwas zu groß geratener Gouda. Aufgeschnitten fallen seine großen, glänzenden Löcher angenehm ins Auge. Sein Geschmack ist nussartig, leicht süßlich. Die Produktion läuft im großen und ganzen wie die des Gouda ab. Es werden allerdings andere Säurewecker verwendet: Die der Milch zugefügten Propionsäurebakterien bewirken, dass der Käse während der mindestens 42tägigen Reifezeit wie ein Hefeteig aufgeht und dabei die charakteristischen großen Löcher von zwei bis drei Zentimeter Durchmesser bildet.

Nach den Erfahrungen der niederländischen Hersteller kommt der nussartige Geschmack des Maasdamer gerade bei den deutschen Käsefreunden bestens an. Sein im Vergleich zu Gouda und Edamer wesentlich geringerer Salzanteil kommt einer gesundheitsbewussten Ernährungsweise vieler Menschen entgegen. Der absolute Fettgehalt des 45prozentigen Käses liegt bei 28%, während der Eiweißgehalt von 30% über dem Durchschnitt aller holländischen Käsesorten liegt. Ein weiterer Pluspunkt für den Maasdamer ist die Tatsache, dass er kein Hart-, sondern ein Schnittkäse ist, also immer saftig und geschmeidig im Teig.

Über den Nährwert von Käse
Ein Kilo Gouda enthält ungefähr 260 Gramm Eiweiß, 300 Gramm Fett und 400 Gramm Wasser. Hinzu kommen reichlich Mineralstoffe und Spurenelemente wie Calcium (860 mg), Natrium (860 mg), Phosphor (590 mg) und Kalium (65 mg). Käse ist ebenso ein großzügiger Vitaminspender: Neben den Vitaminen des B-Komplexes enthält er die fettlöslichen Vitamine A, D, E und K sowie das Provitamin Karotin.

Käse enthält in etwa die gleiche Menge Eiweiß wie Milchfett: Schnittkäse wie Gouda, Edamer und Maasdamer also ca. 25 bis 30 Gramm pro 100 Gramm. Im Vergleich zu anderen Lebensmitteln führt Käse dem menschlichen Körper in reichem Maße und auf relativ preiswerte Weise das wertvolle tierische Eiweiß zu. Zum Vergleich: Fleisch enthält ca. 18 Prozent und Wurst etwa 13 Prozent Eiweiß. Selbst Eier haben mit elf Prozent viel weniger Eiweiß als Käse.

Milcheiweiß ist ein besonders hochwertiges tierisches Eiweiß, das in seinem biologischen Aufbau, den Aminosäuren, dem körpereigenen Eiweiß des Menschen sehr ähnlich ist. Ein weiteres Plus von Milcheiweiß im Käse ist die gute Verträglichkeit. Mit fortschreitender Reifung wird das Protein nämlich biologisch weiter aufgeschlossen. Deshalb ist holländischer Käse um so bekömmlicher, je länger er gereift ist.

Was bedeutet „48% Fett i.Tr."?
Käse wird nicht nur nach Reife- und Geschmacksstufen unterschieden, sondern auch nach dem Fettgehalt. Fett gehört neben dem Eiweiß und den Mineralstoffen zu den festen Bestandteilen der Milch, die man als „Trockenmasse" bezeichnet. Alles andere ist Wasser. Während der Reifung verdunstet ein Teil des Wassers. Die Trockenmasse jedoch bleibt unverändert. Deshalb schreibt der Gesetzgeber vor, den Fettgehalt von Käse in Prozent der Trockenmasse anzugeben.
Im Schnitt enthält Gouda 40 Prozent Wasser und 60 Prozent Trockenmasse. „48% Fett i.Tr." bedeutet also, dass die Trockenmasse fast zur Hälfte aus Milchfett besteht. Der reale Fettgehalt des Käses liegt also bei ca. 30 Prozent.

Frau Antje empfiehlt: Statt Maasdamer können Sie auch Leerdammer, Meerlander oder Maasdam einsetzen.

Snacks

Suppen

Salate

Gemüse & Kartoffeln

Fleisch, Geflügel, Fisch

Aufläufe & Gratins

Pikantes Gebäck

Umwelthinweis — Dieses Buch und der Einband wurden auf chlorfrei gebleichtem Papier gedruckt. Die Einschrumpffolie – zum Schutz vor Verschmutzung – ist aus umweltfreundlicher und recyclingfähiger PE-Folie.

Wenn Sie Anregungen, Vorschläge oder Fragen zu unseren Büchern haben, rufen Sie uns unter folgender Nummer an (05 21/1 55 25 80) oder (05 21/52 06 44) oder schreiben Sie uns:

Dr. Oetker Verlag KG, Am Bach 11, 33602 Bielefeld

Wir danken für die freundliche Unterstützung — Niederländisches Büro für Milcherzeugnisse, Rijswijk, Niederlande

Redaktion — Jasmin Gromzik, Miriam Krampitz

Rezeptberatung — Annette Elges, Bielefeld

Titelfoto — Thomas Diercks, Hamburg

Innenfotos — Niederländisches Büro für Milcherzeugnisse, Rijswijk, Niederlande
Brigitte Wegner, Bielefeld

Grafisches Konzept — Björn Carstensen, Hamburg
Gestaltung — M·D·H Haselhorst, Bielefeld
Einbandgestaltung — Kontur Design GmbH, Bielefeld

Satz — Typografika, Bielefeld

Reproduktionen — MOHN Media Mohndruck GmbH, Gütersloh

Druck und Bindung — MOHN Media Mohndruck GmbH, Gütersloh

ISBN 3–7670–0493-3